Rheinisch-
Bergischer
Kreis

REISE- UND AUSFLUGSFÜHRER
BERGISCHES LAND

Rheinisch-Bergischer Kreis

Stephan Nuding

Originalausgabe 2005

© Bücken & Sulzer Verlag GbR, Overath
Alexander Bücken und Fabian Sulzer
www.buecken-sulzer.de

Druck und Bindung:
DCM Druck Center Meckenheim

Printed in Germany

ISBN 3-936405-11-5

Inhalt

Der Rheinisch-
Bergische Kreis

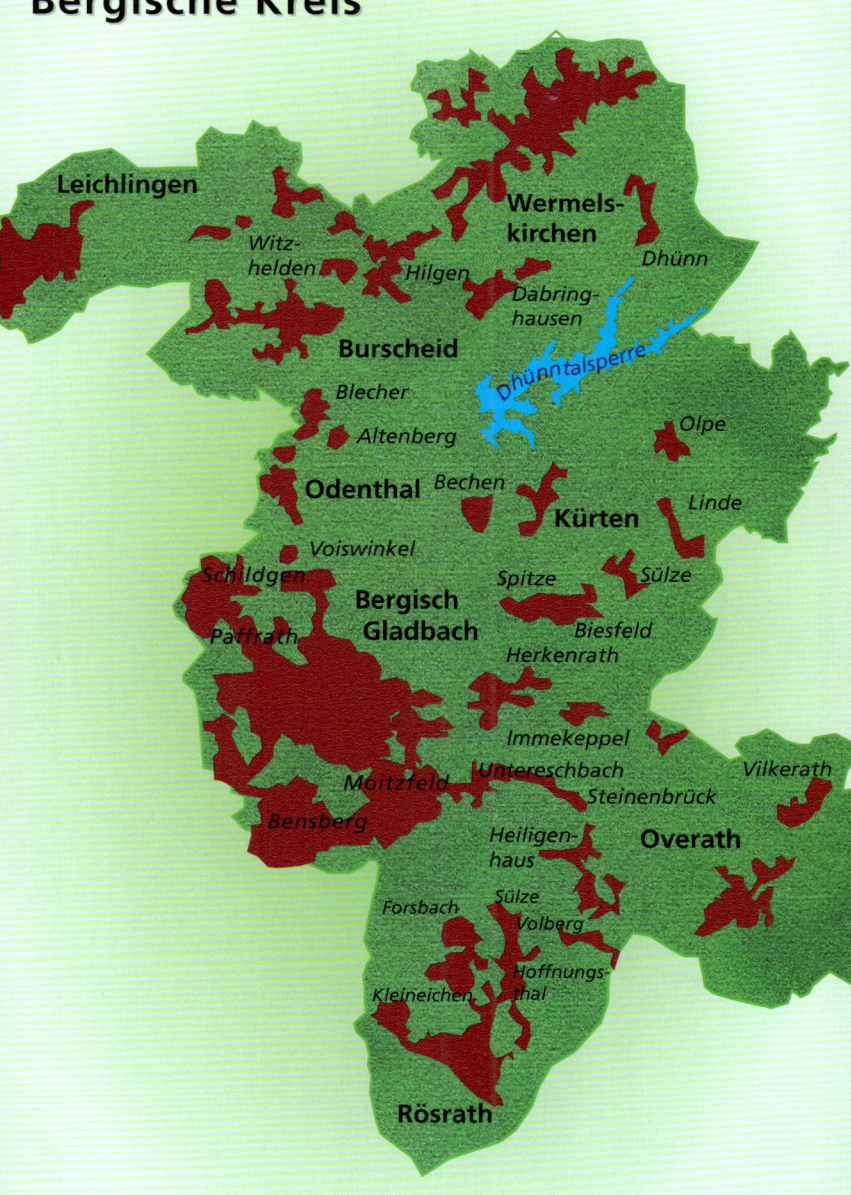

Leichlingen

Wermels-
kirchen

Witz-
helden

Hilgen

Dhünn

Dabring-
hausen

Burscheid

Dhünntalsperre

Blecher

Altenberg

Olpe

Odenthal Bechen

Linde

Kürten

Voiswinkel

Schildgen

Spitze Sülze

Bergisch
Gladbach

Biesfeld

Paffrath

Herkenrath

Immekeppel

Untereschbach

Vilkerath

Moitzfeld

Steinenbrück

Bensberg

Heiligen-
haus

Overath

Forsbach

Sülze

Volberg

Hoffnungs-
thal

Kleineichen

Rösrath

Vorwort

»**Warum denn in die Ferne schweifen**, liegt das Gute doch so nah!« könnte man als Slogan diesem Buch voranstellen. Gewiss, es gibt viele Regionen Deutschlands, die sehens- und besuchenswert sind. Was also ist es, das gerade einen kürzeren oder längeren Aufenthalt im Rheinisch-Bergischen Kreis erstrebenswert macht?

Zunächst sicherlich die Vielfalt der unterschiedlichsten Formen der Urlaubs- und der Freizeitgestaltung, die hier, quasi vor der Haustüre der Großstädte des Rheintales und des Ruhrgebietes, die Attraktivität des Rheinisch-Bergischen Kreises ausmachen.

Egal ob Aktiv-, Kultur- oder Erholungsurlaub, dem Besucher bieten sich die unterschiedlichsten Möglichkeiten zur Befriedigung seiner individuellen Interessen und Wünsche. Ein attraktives und vielseitiges gastronomisches Angebot in jeder Kategorie lädt ebenfalls zum Verweilen ein.

Neben modernen Städten mit guten Verkehrsanbindungen, die keine Einkaufswünsche offenen lassen, gibt es auch zahlreiche verträumte Dörfer und Weiler, die sich in ihrer facettenreichen Ansicht harmonisch in die Landschaft eingliedern.

Natürlich wurden auch hier in der Vergangenheit architektonische und planerische Fehler begangen. Aber in den letzten beiden Jahrzehnten fand ein starkes Umdenken statt, das einerseits bemüht ist, sich den Erfordernissen der Gegenwart und Zukunft anzupassen, aber andererseits auch das Erhaltenswerte zu pflegen und zu bewahren.

Zwar wird man wohl kaum noch, wie es das »Bergische Heimatlied« besingt, einen klingenden Amboss hören. Auch sind die rauchenden Schlote inzwischen verloschen, und es wird sich selten jemand finden, der das Schwert »dem Lande zur Wehr« schwingt. Dennoch hat sich der Rheinisch-Bergische Kreis in vielen Ecken und Winkeln sein charakteristisches Gesicht bewahrt, das zu suchen, zu erkennen und zu finden lohnt. Man muss sich nur darum bemühen und sich etwas Zeit lassen.

Hierbei viel Vergnügen!

Bergisches Heimatlied

Wo die Wälder noch rauschen, die Nachtigall singt,
die Berge hoch ragen, der Amboß erklingt.
Wo die Quelle noch rinnet aus moosigem Stein,
die Bächlein noch murmeln im blumigen Hain.
Wo im Schatten der Eiche die Wiege mir stand,
da ist meine Heimat, mein Bergisches Land.

Wo die Wupper wild woget auf steinigem Weg
an Klippen und Klüften sich windet der Steg.
Wo der rauchende Schlot und der Räder Gebraus,
die flammende Esse, der Hämmer Gesaus
Verkünden und rühmen die fleißige Hand:
Da ist meine Heimat, mein Bergisches Land!

Wo die Schwerter man schmiedet dem Lande zur Wehr,
wo's singet und klinget dem Höchsten zur Ehr,
wo das Echo der Lieder am Felsen sich bricht,
der Finke laut schmettert im sonnigen Licht,
wo der Handschlag noch gilt als das heiligste Pfand,
da ist meine Heimat, mein Bergisches Land.

Wo so wunderbar wonnig der Morgen erwacht,
im blühenden Tale das Dörfchen mir lacht,
wo die Mägdlein so wahr und so treu und so gut,
ihr Auge so sonnig, so feurig ihr Blut,
wo noch Liebe und Treue die Herzen verband:
Da ist meine Heimat, mein Bergisches Land!

Keine Rebe wohl ranket am felsigen Hang,
kein mächtiger Strom fließt die Täler entlang.
Doch die Wälder, sie rauschen so heimlich so traut,
ob grünenden Bergen der Himmel sich blaut,
drum bin ich auch weit an dem fernesten Strand:
Schlägt mein Herz der Heimat, dem Bergischen Land.

Wo den Hammer man schwinget, mit trotziger Kraft,
da schwingt man die Schwerter auch heldenhaft,
wenn das Vaterland ruft, wenn das Kriegswetter braust,
hebt kühn sich zum Streite die bergische Faust,
dem Freunde zum Schutze, dem Feinde zur Schand,
mit Gott für den Kaiser, für's Bergische Land!

Text von Rudolf Hartkopf

Der Rheinisch-Bergische Kreis, eine Einführung

In unmittelbarer Nachbarschaft des Ballungsraums Köln-Leverkusen liegt der Rheinisch-Bergische Kreis, der etwa 280 000 Menschen beheimatet.

Grob gesagt grenzt er an die Städte Köln und Leverkusen, im Norden an den Kreis Mettmann sowie die Städte Solingen und Remscheid, im Osten an den Oberbergischen und im Süden an den Rhein-Sieg-Kreis.

Sein Raum reicht von den Nieder-, Mittel- und Hauptterrassen des eiszeitlichen Rheinbettes bis zu den Anhöhen des Bergischen Landes, die in west-östlicher Richtung ansteigen.

Die höchsten Erhebungen des Rheinisch-Bergischen Kreises sind der Kleine Heckberg (344 Meter) bei Overath-Federath und der Rattenberg bei Wermelskirchen-Buchholzen (345 Meter).

Prägendes Merkmal der Landschaft, die von zahlreichen Bächen und Flüssen zerschnitten wird, sind die zahlreichen Täler und Hügel.

Die bedeutendsten Gewässer des Kreises sind die Dhünn, die Sülz, die Wupper, der Sülzbach und die Agger. In die-

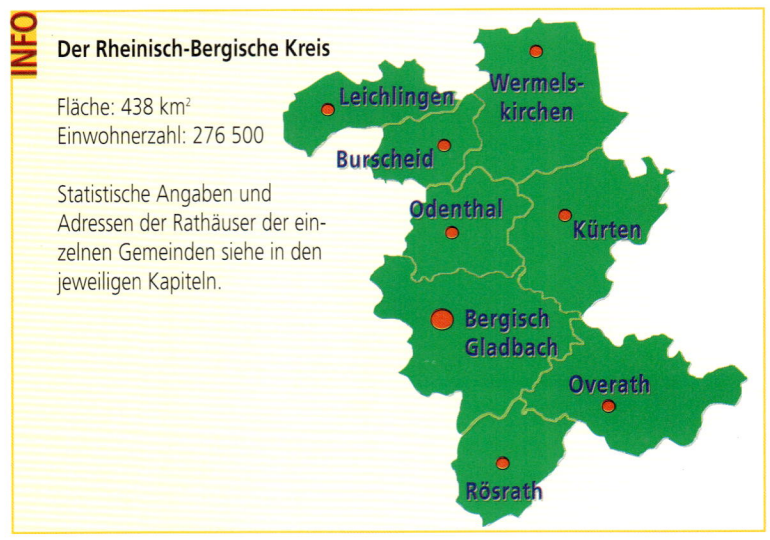

INFO

Der Rheinisch-Bergische Kreis

Fläche: 438 km²
Einwohnerzahl: 276 500

Statistische Angaben und Adressen der Rathäuser der einzelnen Gemeinden siehe in den jeweiligen Kapiteln.

sem Zusammenhang erwähnenswert sind auch die Große Dhünntalsperre mit 81,0 Mio. cbm Fassungsvermögen und die Diepenthalsperre mit 0,3 Mio cbm Fassungsvermögen.

Geschichte des Rheinisch-Bergischen Kreises

Gibt es eine spezifisch rheinisch-bergische Geschichte? Nein, denn die Geschichte des Kreisgebietes ist nicht nur regional zu sehen. Sie ist auch ein Stück der deutschen und der europäischen Geschichte.

Vereinzelte erste Spuren der Anwesenheit des Menschen finden sich aus der Altsteinzeit (600 000–8000 v. Chr.). Zahlreichere Funde wurden aus der Mittel- (8000–4000 v. Chr.) und Jungsteinzeit (4000–2000 v. Chr.) gemacht, wobei man weniger von einer dauerhaften Besiedlung des rheinisch-bergischen Raumes als von herumstreifenden Sammler- und Jägergruppen ausgehen muss.

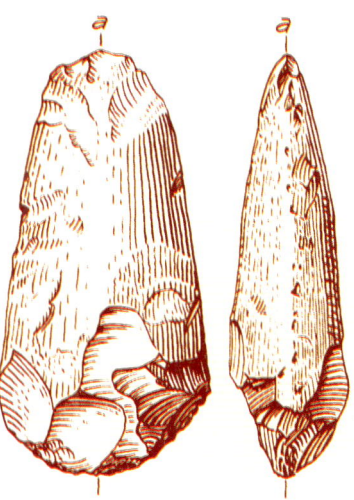

Faustkeilähnliches Quarzitgerät, das bei Ausschachtungsarbeiten an der Kreuzung Autobahn A3 –Eisenbahnlinie Köln-Olpe gefunden wurde

Aus der Epoche der Bronzezeit (2000–1000 v. Chr.) sind lediglich einige Funde aus dem nördlichen Kreisgebiet bekannt.

Relativ gut belegt ist die so genannte Eisenzeit (1000 v. Chr. bis zur Zeitenwende). Aus diesen Jahrhunderten finden sich neben Einzel- und Streufunden diverse Urnengräber und die Reste einer Wehranlage auf dem »Lüderich« bei Overath-Steinenbrück.

Kontrovers wird immer noch die Frage des römischen Einflusses auf den rheinisch-bergi-

INFO

Ur- und frühgeschichtliche Funde
aus dem Rheinisch-Bergischen Kreis
sind in folgenden Museen zu sehen:

Rheinisches Landesmuseum (Bonn)
Bergisches Museum für Handel,
Bergbau und Gewerbe (Bensberg)

*Rekonstruktionsversuch einer Wehr-
anlage im Garten des Amtes für
Denkmalpflege, Außenstelle Overath
(inzwischen leider zerstört).*

schen Raum diskutiert. Im Zentrum dieser Betrachtungen liegt der gut erhaltene Ringwall der so genannten »Erdenburg« bei Moitzfeld. Aber auch diverse Münz- und Scherbenfunde sowie der verschollene »Matronenstein von Altenberg« gehören zu den archäologischen Puzzlestücken, die zumindest auf einen Warenaustausch mit römischen Händlern hindeuten.

Zu einer organisierten Besiedlung des rheinisch-bergischen Raumes kam es etwa ab dem Jahr 700 n. Chr. Hierbei spielten zweifellos die Ausdehnung des Frankenreiches und die von Düsseldorf-Kaiserswerth ausgehende Christianisierung des Bergischen Landes eine entscheidende Rolle. Diese Phase zog sich über mehrere Jahrhunderte hin.

Die Namensgeber des Bergischen Landes, nämlich das Geschlecht derer von Berg, wird erstmals in einer Urkunde aus dem Jahr 1059, unter der Bezeichnung »Grafen im Deutz-Gau«, erwähnt.

Einen Meilenstein der bergischen Regionalgeschichte stellt das Jahr 1288 dar, in dem Graf Adolf V. von Berg in der Schlacht bei Worringen das Heer des Kölner Erzbischofs vernichtend schlägt und dadurch zum uneingeschränkten Herrscher des Bergischen Landes wird. Diesen Sieg verdankte er zu einem nicht unerheblichen Teil den Truppenkontingenten der bergischen Bauern, die sich mit dem Schlachtruf »Berge romerike«-»Ruhmreiche Berge« in die Schlacht stürzten.

1380 wird Graf Wilhelm II. von Berg in den Herzogenstand erhoben.

Durch den Vertrag von Xanten fällt das Gebiet des späteren Rheinisch-Bergischen Kreises im Jahr 1614 an Herzog Wolfgang Wilhelm von Pfalz Neuburg.

Darstellung des Grafen Gerhard von Jülich und Berg (1348–1360) und seiner Gemahlin Margarete von Berg und Ravensberg (gest. 1389) auf ihrem Grab im Altenberger Dom

Aber schon seit 1583, dem Jahr, in dem der Truchsessische Krieg ausbrach, kam das Land nicht mehr zur Ruhe. Kriege, Vernichtungen, Verfolgungen und Epidemien sollten die nächsten Jahrhunderte entscheidend prägen.

Dem Dreißigjährigen Krieg (1618–1648) fielen etwa vier Fünftel der Bevölkerung zum Opfer.

In den Jahren 1672/78, während des 2. Erbfolgekrieges König Ludwigs XIV. von Frankreich, fielen dessen Truppen immer wieder raubend und brandschatzend in das Bergische

Ausschnitt aus einer historischen Karte des Bergischen Landes mit dem Gebiet des heutigen Rheinisch-Bergischen Kreises

Wipperfürth, der ältesten Siedlung mit Stadtrechten im Bergischen Land, unterstanden einst die Bürgermeistereien Kürten und Olpe.

ein. Zwar wurden die Franzosen schließlich durch die Truppen des Kaisers vertrieben, aber dessen Soldaten blieben bis 1676 im Land und forderten immer wieder hohe Kontributionszahlungen.

1688 brach der »Pfälzische Krieg« aus, der bis 1697 dauern sollte. Wieder fielen die Franzosen ins Bergische Land ein. Nur mit knapper Not entging es einer allgemeinen Plünderung. Wieder waren hohe Kontributionen fällig.

Schon wenige Jahre später kam es zum »Spanischen Erbfolgekrieg«. Wieder waren es die Franzosen, die in das Land einfielen und dessen westlichen Teil verwüsteten.

Die napoleonische Zeit (1795–1814) ging im Rheinisch-Bergischen mit Epidemien, Truppendurchzügen, Plünderungen, hohen Steuern und dem erzwungenen Militärdienst von Teilen der männlichen Bevölkerung einher.

Zunächst hatte Napoleon I. seinen Schwager Murat zum Großherzog von Berg ernannt, aber nach kurzer Zeit übernahm er selbst das Regiment.

1814/15, nach der Befreiung von der französischen Gewaltherrschaft, fällt das Herzogtum Berg im Wiener Kongress an das Königreich Preußen.

Dies ist die eigentliche Geburtsstunde des späteren Rheinisch-Bergischen Kreises. 1816 tritt die neue preußische Kreisordnung in Kraft. Das Territorium, das später einmal zum Rheinisch-Bergischen Kreis werden wird, wird unter den neu geschaffenen Kreisen Wipperfürth, Lennep und Mülheim (Rhein) aufgeteilt. Die »Bürgermeistereien« Dabringhausen und Wermelskirchen werden zu Lennep, die Bürgermeistereien Gladbach (Bergisch Gladbach), Bensberg, Odenthal, Rösrath, Overath zu Mülheim und die

Das zerstörte Bensberg im Jahr 1945, hier das Amtsgericht

Bürgermeistereien Kürten und Olpe (heute Kürten-Olpe) Wipperfürth zugeschlagen.

So sollte es über einhundert Jahre, nämlich bis 1932, bleiben. Dann wurden der Kreis Wipperfürth und der Kreis Mülheim/Rhein, aus dem die Stadt Mülheim bereits 1901 ausgegliedert worden war, zum neuen Rheinisch-Bergischen Kreis vereinigt. Das damalige Kreisgebiet war also erheblich größer, als es heute der Fall ist. 1933 wurde Bergisch Gladbach zum Sitz der Kreisverwaltung, die zu Beginn des Jahres von Mülheim nach dort verlegt wurde.

Der Zweite Weltkrieg schlug auch dem Kreis schwere Wunden. 1946 gelang es zu verhindern, dass Teile des Kreisgebietes der Stadt Köln zugeschlagen wurden.

Durch das so genannte »Köln-Gesetz« kam es zum 1. Januar 1975 zur kommunalen Neugliederung des Kreisgebietes. Es entstand seine heutige regionale Struktur, der die Städte und Gemeinden Bergisch Gladbach, Burscheid, Leichlingen, Kürten, Odenthal, Overath, Rösrath und Wermelskirchen angehören.

HINWEIS

Weitere Infos zur Geschichte finden Sie auf den Seiten

47 (Berg. Gladbach),
83 (Burscheid),
92 (Kürten),
105 (Leichlingen)
115 (Odenthal),
141 (Overath),
154 (Rösrath) und
127 (Wermelskirchen).

🚌 Viele Wege führen in den Rheinisch-Bergischen Kreis, der in seinem nördlichen Teil von der **Bundesautobahn** A1 und in seinem südlichen von der A3 und A4 berührt wird.

Die **Bundesstraßen** 51 (Nordkreis), 506 (Mitte) und 55 (Südkreis) führen in west-östlicher Richtung durch das Kreisgebiet.

🚆 Per **S-Bahn** ist von Köln aus Bergisch Gladbach, mit der **Regionalbahn** sind von Köln aus Overath und Rösrath erreichbar.

🚌 Daneben sind die Städte und Gemeinden des Rheinisch-Bergischen Kreises durch zahlreiche Busverbindungen bequem zu erreichen.

Nähere Auskünfte erteilen:

Deutsche Bundesbahn DB,
Auskunft: 11 8 61
Kölner Verkehrsbetriebe (KVB),
Infotelefon: 02 21 / 5 47 - 33 33
Kraftverkehr Wupper-Sieg AG,
Tel.: 0 22 02 / 9 55 69 - 0
Die »Schlaue Nummer für Fahrplan und Tarif«: 0 18 03 / 50 40 30

Für Fernreisende bietet sich der, unweit der Kreisgrenze auf dem Gebiet der Stadt Köln gelegene, **internationale Flughafen Köln/ Bonn** »Konrad Adenauer« an. Von dort sind zahlreiche nationale und internationale Ziele zu erreichen.

Auskunft

Kompetenter Ansprechpartner für alle Fragen, die Reisen, Aufenthalte und Ausflüge in den Rheinisch-Bergischen Kreis betreffen, ist der:

Verkehrsverein Rheinisch-Bergisches Land e.V.
Villa Zanders
Konrad- Adenauer-Platz 8
51465 Bergisch Gladbach
Tel.: 0 22 02 / 28 27 - 0
Telefax: 0 22 02 / 28 27 - 26
E-Mail: info@rhein-berg.info
www.rhein-berg.info

Informationen, insbesondere zu Spezialfragen und -themen, sind in den einzelnen Städten und Gemeinden unter den folgenden Adressen erhältlich:

Stadt Bergisch Gladbach

Büro für Presse- und Öffentlichkeitsarbeit
Konrad-Adenauer-Platz 1
51465 Bergisch Gladbach
Tel.: 0 22 02 / 14 - 22 41
oder 0 22 02 / 14 - 24 19
Telefax: 0 22 02 / 14 - 22 40
E-Mail: info@bergischgladbach.de
www.bergischgladbach.de

Stadt Burscheid

Büro des Bürgermeisters
Postfach 14 20
51390 Burscheid
Tel.: 0 21 74 / 6 70 - 103
Telefax: 0 21 74 / 6 70 - 111
E-Mail: presse@burscheid.de
www.burscheid.de

Gemeinde Kürten
Kürten Touristik e.V.
Marktfeld 1
51515 Kürten
Tel.: 0 22 68 / 9 39 - 129
Telefax: 0 22 68 / 9 39 - 140
E-Mail: anita.waier@kuerten.de
www.kuerten.de

Stadt Leichlingen
Pressestelle
Postfach 16 65
42787 Leichlingen
Tel.: 0 21 75 / 9 92 - 102
Telefax: 0 21 75 / 9 92 - 107
E-Mail: info@leichlingen.de
www.leichlingen.de

Gemeinde Odenthal
Bürgerbüro
Bergisch Gladbacher Straße 2
51519 Odenthal
Tel.: 0 22 02 / 7 10 - 131
oder 0 22 02 / 7 10 - 133
Telefax: 0 22 02 / 7 10 - 193
E-Mail: post@odenthal.de
www.odenthal.de

Stadt Overath
Verkehrsamt / Rathaus
Hauptstraße 25
51491 Overath
Tel.: 0 22 06 / 6 02 - 103
oder 0 22 06 / 6 02 - 101
Telefax: 0 22 06 / 6 02 - 193
E-Mail: kulturamt@overath.de
www.overath.de

Stadt Rösrath
Rathaus
Postfach 11 20
51503 Rösrath
Tel.: 0 22 05 / 8 02 - 106
Telefax: 0 22 05 / 8 02 - 8 81 06
E-Mail: infoStadt@roesrath.de
www.roesrath.de

Stadt Wermelskirchen
Verkehrsamt / Verkehrsverein
Telegrafenstr. 29 – 33
42929 Wermelskirchen
E-Mail: post@stadt.wermelskirchen.de
www.wermelskirchen.de

Brauchtum

Aus dem Alltagsleben des Rheinisch-Bergischen Kreises sind Volkstracht, Brauchtum und Folklore schon seit etlichen Jahrzehnten verschwunden. Insgesamt ist, gerade in den letzten fünfzehn Jahren, zu beobachten, dass das regionale Brauchtum durch importierte Sitten und Gebräuche regelrecht einem schleichenden Verdrängungsprozess unterworfen ist. Althergebrachte Feste werden in ihrem eigentlichen Sinn, der sich häufig aus der christlich-abendländischen Kultur ableitet, verfälscht und umgedeutet. Selbst das einst beliebte St. Martinsfest im November liegt seit einigen Jahren in einer permanenten Auseinandersetzung mit dem aus dem anglo-amerikanischen Raum importierten »Halloween«.

Umso anerkennenswerter und verdienstvoller ist es, dass zahlreiche Vereine und Initiativen, aber auch Volkshochschulen und regionale historische Vereinigungen darum bemüht sind, das hiesige Brauchtum zu fördern, damit es nicht ganz in Vergessenheit gerät. In der Karnevalszeit, Pfingsten, auf den Sommerkirmessen, an den Festtagen der Heiligen Drei Könige, des St. Martin oder der regional verehrten Heiligen, wie beispielsweise St. Jakob, wird echtes, überkommenes Brauchtum gepflegt, wenn zumeist auch in einem kleineren Rahmen als früher. Zu erwähnen sind in diesem Zusammenhang aber auch die engagierten Laientheater, die insbesondere in den Herbstmonaten, immer wieder Stücke in Mundart auf die Bühne bringen und vor zumeist ausverkauften Häusern spielen .

Zum Brauchtum gehören aber auch die zahlreichen regionalen Sagen, Legenden und Märchen, die zumeist auf die eine oder die andere Art und Weise mit irgendwelchen lokalen Örtlichkeiten verbunden sind. Sei es, dass es das Fräulein von Scherf (Odenthal), der Lügschuhmacher Matthias Tobias (Hebborner Hof bei Bergisch Gladbach), der Rüdenstein (Leichlingen) oder der Mönch vom Kloster Altenberg (Odenthal) ist.

Vincenz von Zuccalmaglio, genannt Montanus, war nicht nur Literat, sondern hat wichtige Beiträge zum Erhalt kulturhistorischer Güter des Bergischen Landes geleistet.

Die meisten Geschichten wurden von dem bergischen Heimatforscher Vincenz von Zuccalmaglio, genannt »Montanus«, im 19. Jahrhundert erstmals aufgezeichnet.

Aber auch im Gesang hat sich das Brauchtum niedergeschlagen. So ist das wohl bekannteste Volkslied, das den rheinisch-bergischen Raum besingt, »Kein schöner Land in dieser Zeit«, das der ältere Bruder des Vincenz von Zuccalmaglio, Anton Wilhelm Florentin, der unter dem Pseudonym »Wilhelm von Waldbrühl« literarisch aktiv war, im Jahr 1836 ersann.

Die regionale Tracht des rheinisch-bergischen Raumes bestand in früheren Jahrhunderten beim Mann aus einem blauen Leinenkittel, einer schwarzen Mütze mit Glanzlederschirm, grauleinenen Gamaschen und einem Mispelstab, der als Spazierstock genutzt wurde.

Regionalspezifisches wie die bergische Tracht (Bild oben) ist zumeist ein Phänomen der Vergangenheit. Dennoch spielen Traditionen im täglichen Leben noch durchaus eine Rolle, wenngleich sie sich nicht mehr wesentlich von denen anderer Regionen unterscheiden (Bild unten: Fronleichnamsprozession in Schildgen)

Prägender Bestandteil der weiblichen Tracht waren die Hauben, die es in unterschiedlichen Ausführungen gab, die zu den verschiedensten Anlässen getragen wurden. So unterscheidet der Kenner die »Ohreisenhaube«, »Timeteis«, die »Trauermütze«, die gestrickte »Spitzenhaube« und die »Brabantermütze«. Eine aus Mull gefertigte Kopfbedeckung hatte den Spitznamen »Ullefatskücken«, was mundartlich einen hässlichen Menschen bezeichnet.

Zur Haube wurde eine Jacke aus Tuch mit langen, engen Ärmeln getragen, die die unterschiedlichsten Schnittmuster besitzen konnte. Ein kurzer, rot oder blau gestreifter Rock vervollständigte die Garderobe.

Der Bergbau, hier ein Stolleneingang am Lüderich, bestimmte das Leben der ansässigen Bevölkerung wesentlich.

Das alltägliche Schuhwerk, egal ob bei den Männern oder den Frauen, war der Holzschuh. Lederschuhe, die zumeist teuer waren, trug man lediglich an den Sonn- und Feiertagen.

Wie war das früher im Bergischen Land am Sonntag? Sonntags fand, außer in der Fastenzeit oder an stillen Feiertagen, in den Dorfgasthäusern zumeist eine Tanzveranstaltung statt. Bei den Tänzen handelte es sich zumeist um Polkas oder Reigentänze, die von einer Kapelle, bestehend aus Schalmei, Flöte, Hackbrett, Geige und Bass, begleitet wurden. Die regionalen Tänze standen häufig in Zusammenhang mit dem Brauchtum des Jahreskreises. Insbesondere die Maitänze sind hierbei hervorzuheben. Beliebt waren aber auch Kirmestänze wie der »Hahnenschrei«, »de Dirkes«, der »Küsschentanz« und der berühmte »Sibbespröng«.

Noch heute wird, besonders in ländlicher Gegend, die regionale Mundart, das niederdeutsche »Bergische Platt«, gesprochen.

Wer eine Lese- und Hörprobe rheinisch-bergischer Mundart erhalten möchte, dem sei das Büchlein von Karl Heinz Fröhlingsdorf empfohlen.

»Zu Rott am Tuen et Möschenest, dat wosten alle Jongen,
Doch hatt sech en dem ganzen Dörp suh gäuh noch keenen fongen,
Datt hä et uhszuhewwen sech met allen Kneffen traut,
Denn bowwen üwwerm Schalloch hat de klohke Mösch gebaut.«

»Ein Spatzennest zerstören, das konnten alle Jungen,
Doch hat sich in dem ganzen Dorf so recht noch keiner gefunden,
Dass er es auszuheben sich mit allen Kniffen traut,
Denn über'm Plumpsklo, dort hat die kluge Wespe gebaut.«

Es ist den Ortsfremden oft schwer verständlich. Dies auch, da es sogar innerhalb des Kreisgebietes gewisse lokale Nuancen gibt, die es dem Kundigen aber ermöglichen, bis auf wenige Kilometer genau feststellen zu können, aus welchem Tal, Dorf oder Weiler sein Gegenüber stammt.

Auch die Benutzung von Redensarten, die dem Fremden zuweilen kaum verständlich sind, erschweren gelegentlich die Verständigung. Woher soll man beispielsweise wissen, dass einer, der »einen Spitz« hat, jemanden bezeichnet, der leicht berauscht ist, oder dass »Dat dich der Donnerkihl …« ein typisch bergischer Fluch ist, der dem Betroffenen wünscht, dass er vom Blitz getroffen werde.

Eine Kostprobe der rheinisch-bergischen Mundart möge der Anfang des Gedichtes »Et Möschenest«/»Das Spatzennest« geben (siehe Kasten oben).

Wer sich persönlich mit dem Brauchtum und der hiesigen Sprache vertraut machen möchte, dem seien die zahlreichen regionalen Veranstaltungen empfohlen, die im Kapitel »Feste« behandelt werden.

Essen und Trinken

Anfang des 20. Jahrhundert schrieb der Heimatforscher Johann Bendel in seinem »Heimatbuch des Kreises Mülheim am Rhein« über die Ess- und Trinkgewohnheiten der Region: »Die Nahrungsmittel sind wie ihre Zubereitung nach der Wohlhabenheit sehr verschieden, in der

Auch heute noch gern gegessen: »Kottenbutter« mit Schwarzbrot, Zwiebeln und Mettwurst

Rheinebene abweichend von der Weise der Bergbewohner.

Die Kost ist im ganzen gut, kräftig und reichlich. Eine Kost, wie sie vor 60 Jahren gebräuchlich war, würde man heute geradezu ärmlich nennen. Damals enthielt das Schwarzbrot noch einen Zusatz von Kartoffeln, Erbsen und Bohnen.

In den Bergen wurde auch Haferbrot gegessen. Jede Familie backte sich selbst ihren Bedarf im eigenen Backofen. Festtagsbrot war und ist nach wie vor der ›Platz‹.

Speck und Erbsen sind bergische Volksspeise, der selbst Kurfürst Johann Wilhelm bei seinen Jagden im Königsforste von allen Speisen den Vorzug gab.

Reibekuchen ist besonders im Gebirge heimisch.

Buchweizenkuchen (Puffert) ist mit dem Anbau dieser Frucht auch verschwunden. Jede Familie schlachtet hier ein oder mehrere Schweine, so dass für gewöhnlich für ein Jahr der Fleischbedarf gedeckt ist.

Kartoffeln finden sich fast bei jeder Mahlzeit, ebenso der Kaffee.

Das Frühstück besteht aus Kaffee, Kartoffeln und Butterbrot, früher war es ein Brei, Wärmt genannt. (Anmerkung: Gemeint ist nicht Bohnenkaffee, den sich die einfache Bevölkerung höchstens an Sonn- und Feiertagen leisten konnte, sondern es ist Malzkaffe gemeint, der für gewöhnlich aus Gerste gewonnen wurde.)

Das Abendbrot, Kleinohmet genannt, besteht wieder aus Kaffee, Kartoffeln und Butterbrot.

Der allseits bekannte und beliebte Reibekuchen (Rievkooche)

Früher wurde die Hauptmahlzeit in der Rheinebene um 11 Uhr, in den Bergen um 1 Uhr gehalten, die Ruhepause, der so genannte Einunger, lag hier vor, dort nach der Mahlzeit.«

Natürlich haben sich, gerade in den vergangenen dreißig bis fünfzig Jahren, wie überall in der Bundesrepublik Deutschland auch im Rheinisch-Bergischen Kreis die Ess- und die Trinkgewohnheiten der Menschen drastisch geändert. Stillte man seinen Durst früher beispielsweise am Wasserkran oder an der Wasserpumpe im Hof, so wird heute nach Mineralwasser, Fruchtsaftgetränken oder der auf der ganzen Welt bekannten US-amerikanischen Limonadenmarke gegriffen.

Gleichwertig zur Hausmannskost sind inzwischen die Speisen aus allen Ländern der Welt, nicht zuletzt durch das überall erhältliche Fast-Food-Angebot.

Nun sei an dieser Stelle eine kleine Exkursion in die »Bergische Speisekammer« gestattet, deren wohl bekanntester Repräsentant die »Bergische Kaffeetafel« ist. Mit örtlichen Abweichungen besteht diese aus Schwarz- und Weißbrot, süßem Rosinenstuten, Gusszwieback mit Schokoladen-, Krokant-, Zucker- oder Vanilleüberzug, den »Burger Brezeln«, Apfelkraut, Butter, Milch, Waffeln, süßem weichem Quarkkäse und in Milch dick gekochtem süßem Milchreis, der entweder heiß oder kalt serviert wird. Gelegentlich runden einheimische Wurstspezialitäten und Käse dieses Festmahl ab. Dazu werden heißer Kaffee aus der »Dröppelminna« (einer Art bergischem »Samowar«) und ein klarer Kornschnaps getrunken.

Die Küche des Rheinisch-Bergischen Kreises beinhaltet aber auch deftige Gerichte wie

Die »Dröppelminna« darf bei keiner Bergischen Kaffeetafel fehlen.

Panhas (»Pfannenhase«) findet man nicht nur im Bergischen, sondern auch im Ruhrgebiet und im westfälischen Raum.

»Döppzoppe« (Bohnensuppe mit Kartoffeln und Fleisch), »Panhas« (mit Buchweizenmehl, Wurstbrühe und Speck hergestellte und dann gebratene Blutwurst), die schon erwähnten »Decke Bunne met Speck« (dicke grüne Bohnen mit magerem Schweinespeck und Kartoffeln), die berühmten Bergischen Bachforellen und Wildgerichte, vorzugsweise von Hase, Wildschwein oder Reh.

Auch Wurst-, Obst- und Kartoffelpfannkuchen sind beliebt. Bei Letzten unterscheidet der Fachmann zwischen »Rievkooche« (flache, kleine in siedendem Fett scharf gebackene Kartoffelkuchen aus Mehl, Eiern, Salz und geriebenen Kartoffeln, die mit Apfel- oder süßem Rübenmus gegessen werden) und »Schnippelskuchen« (Eierpfannkuchen, die mit kleinen Kartoffelscheiben durchsetzt sind).

An regionalen Getränken sind besonders die zahlreichen Liköre und Obstweine hervorzuheben, die aus den heimischen Obstsorten gewonnen werden.

Ein erfrischendes, wenn auch zuweilen gefährliches Getränk ist die Obstbowle. In ihrer »harmlosen« Art besteht sie aus Wein, Sekt und Früchten. In ihrer »gefährlichen« Variante werden Früchte mit Zucker und hochprozentigem Weizenkorn vierundzwanzig Stunden lang eingelegt. Dann gießt man Mineralwasser, Sekt und Wein dazu. Schon nach zwei oder drei genossenen Gläsern stellt sich zumeist eine verheerende Wirkung ein.

Bier wird auf Kreisgebiet nicht gebraut. Bevorzugte Marken sind das, wie schon der Name sagt, im Kölner Raum gebraute »Kölsch« oder das aus Düsseldorf stammte »Alt«. Daneben werden aber auch, sowohl im Handel wie in der Gastronomie, diverse Pilssorten angeboten, die überwie-

GASTRONOMIE

Ein Tipp für diejenigen, die die bergische Küche gerne einmal näher kennen lernen möchten:
Unter dem Slogan »Bergische Gastronomen führen Gutes im Schilde« hat sich eine Anzahl von Restaurationsbetrieben zusammengeschlossen, die es sich zum Ziel gemacht hat, die »Verbindung der typischen Produkte einer reizvollen Landschaft mit zeitgemäß aufbereiteter traditionsreicher Küche, basierend auf alten überlieferten Rezepten«, dem interessierten Publikum näher zu bringen. Erkennbar sind die entsprechenden Häuser an einem Hinweisschild, das eine Dröppelminna, umrahmt mit dem Schriftzug »Bergische Gastlichkeit«, zeigt. Im Rheinisch-Bergischen Kreis gehören diesem Zusammenschluss an:

Bergisch Gladbach
Hotel Gronauer Tannenhof
Robert-Schuman-Straße 2
51469 Bergisch Gladbach
Tel.: 0 22 02 / 9 41 4-0

Gronauer Wirtshaus
Hauptstraße 20
51465 Bergisch Gladbach
Tel.: 0 22 02 / 5 30 07

Hotel Hamm
Straßen 14
51429 Bergisch Gladbach-Herkenrath
Tel.: 0 22 04 / 80 14

Restaurant Reuterstube
Reuterstraße 122
51467 Bergisch Gladbach
Tel.: 0 22 02 / 5 87 08

Kürten
Hotel Dürscheider Hof
Wipperfürther Straße 111
51515 Kürten
Tel.: 0 22 07 / 9 66 90
Montag Ruhetag

Landhotel Olperhof
Hauptstraße 21
51515 Kürten
Tel.: 0 22 68 / 26 45

Landhaus Fuchs
Unterbersten 21
51515 Kürten-Unterbersten
Tel.: 0 22 68 / 72 86

Nähere Auskünfte erhält man auch im Internet unter www.droeppelmina.de.

gend aus dem Oberbergischen oder dem Sauerland stammen. Der »Korn«, ein klarer Weizenbrand, hat seine Bedeutung als »Bergisches Nationalgetränk« verloren, wenn er auch noch immer – besonders nach einem ausgiebigen Essen – gerne getrunken wird.

Neben den geistigen Getränken sollte man aber auch nicht vergessen, dass aus dem Obstbau des Rheinisch-Bergischen Kreises zahlreiche Säfte, insbesondere Apfelsaft, gewonnen werden.

Feste

Die Anzahl der Feste, die Jahr für Jahr im Rheinisch-Bergischen Kreis gefeiert werden, geht wohl in die Hunderte. Gerade in den letzten Jahren haben sich zu den traditionellen Festen viele hinzugesellt, die lediglich lokalen Charakter haben, nur ein paar Jahre bestehen oder auf eine bestimmte Zielgruppe von Interessenten ausgerichtet sind.

Daher ist es an dieser Stelle nur möglich, einen allgemein gehaltenen Überblick zu geben, der keinen Anspruch auf auch nur annähernde Vollständigkeit erhebt. Denjenigen, die sich näher informieren möchten oder aber einen ganz bestimmten Typus von Feier suchen, seien insbesondere die Veranstaltungshinweise der lokalen Medien und die Plakataushänge empfohlen, die an fast jeder Ecke und in jedem Ladenschaufenster zu finden sind.

Nachdem die ersten Tage des neuen Jahres, an denen die Sternensinger, die die Heiligen Drei Könige (Festtag 6. Januar) darstellen, von Haus zu Haus ziehen, relativ ruhig verstrichen sind, beginnt zumeist am ersten Januarwochenende bereits der Sitzungskarneval der zahlreichen Karnevalsvereine des Kreisgebietes. Höhepunkt dieser »fünften Jahreszeit« sind die »drei tollen Tage«, also der »Karnevalssonntag«, der »Rosenmontag« und der »Veilchendienstag« vor dem »Aschermittwoch«. Allerdings wird der »Straßenkarneval«, der sich vom »Sitzungskarneval« insbesondere dadurch unterscheidet, dass er von bunt kostümierten Karnevalsfreunden, den »Jecken«, auch auf Straßen, Plätzen und Gaststätten ausgiebig gefeiert wird, bereits an »Weiberfastnacht«, dem Donnerstag vor dem Aschermittwoch, gestartet. An diesem Tag übernehmen die Frauen symbolisch die Macht im Rheinisch-Bergischen Kreis, was sich nicht zuletzt darin ausdrückt, dass um 11.11 Uhr die Rathäuser von ihnen gestürmt und der Schlüssel der Stadt oder Gemeinde an sie übergeben wird. Höhepunkt des alljährlichen Narrentreibens sind in dieser Woche die Karnevalsumzüge. Der wohl größte und bekannteste findet am Karnevalssonntag in der Stadtmitte von Bergisch Gladbach statt. Berühmt

Das Vorbild der Kölschen Karnevalstradition ist im Bergischen unschwer zu übersehen.

sind aber auch die Weiberfastnachtszüge von Odenthal-Voiswinkel und Kürten-Bechen. Am Rosenmontag finden unter anderem Umzüge im Zentrum von Rösrath, Wermelskirchen-Dabringhausen und Kürten-Dürscheid statt. Erwähnenswert ist auch der Festzug am Karnevalssamstag in Leichlingen.

Den offiziellen Abschluss der Karnevalszeit bilden die traditionellen Fischessen am Aschermittwoch, die in vielen Gastronomiebetrieben angeboten werden.

Straßenkarneval in Overath

Daran schließt sich die vierzigtägige Fastenzeit an, die am Ostersonntag endet.

Welche Veranstaltung nun die wichtigste und schönste ist, das mag ein jeder für sich selbst entscheiden. Auf jeden Fall sind die auf Seite 29 genannten (auszugsweise) diejenigen, die stets viele Besucher während der Frühlings- und Sommermonate anlocken.

Im Herbst, wenn es schon kühler und früher dunkel wird,

Kulinarische Genüsse des Mittelalters erwartet man beim Mittelalter-Weihnachtsmarkt in Bensberg. Er wird jeweils am 2. Adventswochenende am Fuße der alten Burg abgehalten.

wird es im Rheinisch-Bergischen Kreis wieder etwas ruhiger. Nun beginnt die Zeit der Festvorbereitungen für das folgende Jahr, die im November durch das Fest St. Martin unterbrochen wird. An vielen Orten des Kreisgebietes finden in den Tagen um den 11. November (Martinstag) herum Laternenumzüge mit Gesang statt. Voran reitet St. Martin entweder als römischer Reiteroffizier, was er zunächst war, oder als Bischof der französischen Stadt Tour gekleidet. Dieses Amt übernahm er der Überlieferung nach im Jahr 371 n. Chr. An einem offenen Feuer wird dann schließlich die Legende von der Mildtätigkeit des St. Martin nachgespielt, und die Kinder erhalten Martinswecken, ein süßes Weißbrot in Form einer Figur, die mit einer Tonpfeife geschmückt ist.

Für die Erwachsenen tritt an deren Stelle die gebratene Martinsgans, die bei vielen Familien zum obligatorischen Martinsessen gehört und auch in vielen Gaststätten und Restaurants in diesen Wochen angeboten wird.

Mancherorts, so beispielsweise in Bergisch Gladbach, hat es sich in den letzten Jahren auch eingebürgert, im November einen Martinsmarkt zu veranstalten.

Mit den zahlreichen liebevoll und romantisch gestalteten Weihnachtsmärkten, die während der Adventszeit in fast allen Städten und Gemeinden des Rheinisch-Bergischen Kreises abgehalten werden, klingt der Reigen der öffentlichen Festveranstaltungen, die zumeist unter freiem Himmel stattfinden, im Kreisgebiet langsam aus.

FESTE

Bergisch Gladbach
Mai: Kirschblütenfest in Refrath und Maifest in Bensberg.
Pfingsten: Pfingstjungen-Singen in der Innenstadt und im Stadtteil Gronau (Pfingstsamstag). Kirmes in der Innenstadt.
Juli: »Decke Bunne Kirmes« in Herkenrath,
Dorffest in Paffrath,
Dorf- und Schützenfest in Schildgen.
Ende Juli / Anfang August:
»Lerbacher Musiktage« im Lerbacher Schlosshotel und -park im Stadtteil Sand.
August: Volks- und Museumsfest in Bensberg (am 1. Wochenende) und Laurentiuskirmes im Stadtzentrum.
September: Schlossstadtfest in Bensberg und
Herbstfest in der Stadtmitte, beide mit verkaufsoffenem Sonntag.

Burscheid
An **Christi Himmelfahrt** und dem darauf folgenden Wochenende das Heidbergfest im Stadtteil Dürscheid.
Juni: Burscheider Stadtfest und Heimatfest im Stadtteil Kaltenherbeg.

Kürten
Mai: Schützen- und Volksfest im Ortsteil Dürscheid.
Ende Mai / Anfang Juni:
Schützenfest im Ortsteil Biesfeld.
Juni: Kirmes im Ortszentrum von Kürten.
Juli: »Jakobusoktav« mit Kirmes in Kürten-Spitze,
»Anna-Kirmes« in Weiden und Kirmes im Ortsteil Bechen.

Leichlingen
Juni: Schützenfest im Stadtzentrum.
Juli: »Reisbreikirmes« im Stadtzentrum.
Oktober: Leichlinger Obstmarkt und Erntedankfest mit Festzug im Stadtteil Witzhelden.

Odenthal
Juni: Schützen- und Volksfest.

Overath
Juli: Kirmes in den Stadtteilen Steinenbrück und Heiligenhaus.
August: Kirmes in der Stadtmitte und in den Stadtteilen Immekeppel und Marialinden.
Oktober: Erntedankfest mit Umzug in den Stadtteilen Vilkerath und Eulenthal.

Rösrath
April: Maibaumsetzen in der Innenstadt.
Mai: Maikirmes in der Innenstadt.
Pfingstsamstag: Pfingstjungen-Singen durch die Ortsvereine.
Juli: Waldbeerkirmes im Stadtteil Forsbach.
September: Schützenfest im Stadtzentrum und
Straßenfest im Stadtteil Hoffnungsthal.

Wermelskirchen
Mai: Frühlingskirmes im Stadtzentrum.
Juli: Volks- und Heimatfest im Stadtteil Dabringhausen.
August: Herbstkirmes im Zentrum und Kirmes im Stadtteil Dhünn.
September: Kirmes mit traditionellem »Hahnenköppen« im Stadtteil Pohlhausen.

MEDIEN

Im Rheinisch-Bergischen Kreis gibt es zahlreiche Möglichkeiten, sich nicht nur über die Geschehnisse in der großen weiten Welt, sondern auch über regionale Spezialthemen, politische, kulturelle, sportliche und gesellschaftliche Ereignisse zu informieren.

An **Tageszeitungen**, die über einen umfangreichen Regionalteil verfügen, werden angeboten:

Bergische Landeszeitung
Redaktion Bergisch Gladbach
Hauptstr. 211
51465 Bergisch Gladbach
Tel.: 0 22 02 / 29 37 - 0
www.rundschau-online.de

Bergische Morgenpost
Redaktion Wermelskirchen
Eich 48
42929 Wermelskirchen
Tel.: 0 21 96 / 72 01 - 0
www.rp-online.de

**Bergischer Volksbote –
Westdeutsche Zeitung**
Redaktion Burscheid
Hauptstr. 52
51399 Burscheid
Tel.: 0 21 74 / 6 04 66
www.wz-newsline.de

Kölner Stadt-Anzeiger
Redaktion Bergisch Gladbach
An der Gohrsmühle 10
51465 Bergisch Gladbach
Tel.: 0 22 02 / 93 78 - 50
www.ksta.de

Wermelskirchener General-Anzeiger
Kölner Str. 17
42929 Wermelskirchen
Tel.: 0 21 96 / 9 39 30 und 9 35 37
www.rga-online.de

Wochenzeitungen
Als kostenlose Wochenzeitung, die mittwochs erscheint, wird für den Großraum Bergisch Gladbach, Kürten, Odenthal, Overath und Bensberg das **Bergische Handelsblatt**, mit großem informellen Kultur- und Anzeigenteil, an die Haushalte verteilt. Redaktionsadresse ist:
Hauptstr. 97
51465 Bergisch Gladbach
Tel.: 0 22 02 / 20 08 - 0
www.bergisches-handelsblatt.de

Ebenfalls wöchentlich und kostenlos erscheint dienstags die **Wochenpost** mit den Regionalausgaben Bergisch Gladbach, Burscheid, Leichlingen und Wermelskirchen. Die Redaktion hat die Anschrift:
Rat Deycksstr. 15
51379 Leverkusen-Opladen
Tel.: 0 21 71 / 70 63
www.wochenpost.de

Monats- und Quartalspublikationen
Zu Anfang eines jeden Monats erscheint der **FRANZZ**
Informa Verlag GmbH
Johann-Wilhelm-
Lindlar Str. 9
51465 Bergisch
Gladbach
Tel.: 0 22 02 / 9 36 90 - 10
www.franzz.de

MEDIEN

Ferner sei auch auf das Kultur- und Stadtmagazin **GL KOMPAKT** hingewiesen, das ebenfalls monatlich in Bergisch Gladbach kostenlos verteilt wird. Anschrift:
Bahnhofstraße 33
51503 Rösrath
Tel.: 0 22 05 / 89 84 03
www.glkompakt.de

Für diejenigen, die auch an Wirtschaftsinformationen über den Rheinisch-Bergischen Kreis interessiert sind, ist das alle zwei Monate erscheinende kostenlose Magazin **GLkontakt** zu empfehlen.
Die Verlagsadresse lautet:
GL Verlag GmbH
Hermann-Löns-Str. 81
51469 Bergisch Gladbach
Tel.: 0 22 02 / 28 28 - 0
www.glkontakt.de

Interessante und informative Artikel über Kultur und Lifestyle im Rheinisch-Bergischen bietet zudem das attraktiv aufgemachte Magazin **rhein&berg**, das seit 2004 erhältlich ist und vier Mal im Jahr erscheint.
Raß'sche Verlagsgesellschaft GmbH
Höffenstraße 20–22
51469 Berg. Gladbach
Tel.: 0 22 02 /
      2 99 49 - 0
www.rhein-berg-magazin.de

Eine Besonderheit der Rheinisch-Bergischen Medienlandschaft stellt der **Rheinisch-Bergische Kalender** dar. Seit Jahrzehnten erscheint er alljährlich im Spätherbst im Bergisch Gladbacher Johann Heider Verlag und ist im Buchhandel erhältlich. Neben zahlreichen interessanten Artikeln zu Geschichte, Kultur, Natur und Persönlichkeiten des Bergischen Landes beinhaltet er auch ein Kalendarium, in dem die wichtigsten Ereignisse, die sich seit Erscheinen des letzten Kalenders im Rheinisch-Bergischen Kreis ereignet haben, dokumentiert sind.

Rundfunk

Radio Berg heißt der regionale Radiosender des Bergischen Landes. Er ist im Rheinisch-Bergischen Kreis auf UKW 96,9; 99,7; 105, 2 und 105,7 zu empfangen. Die Adresse der Lokalredaktion:
Cliev 19
51515 Kürten
Tel: 02207 / 70160
www.radioberg.de

NOTFALL

Egal, ob man im Rheinisch-Bergischen Kreis ansässig ist oder sich nur zeitweise dort aufhält – jeder kann einmal in eine Situation kommen, in der er auf Hilfe angewiesen ist. Daher seien hier die wichtigsten Telefonnummern und Adressen vermerkt, mit denen im Gefahren-, Unfall- oder Krankheitsfall schnelle Hilfe herbeigerufen werden kann:

Für den **Rettungsdienst und die Feuerwehr** der **Notruf 112**.
Eine neue Dienstleistung macht es Sprach- und Hörbehinderten auch möglich, unter dieser Rufnummer ein Notruffax zu versenden. Der entsprechende Vordruck ist unter www.rbk-online.de erhältlich.

Für die Polizei der Notruf 110

Für **nicht notfallbedingte Krankentransporte** die Rufnummer: 1 92 22

Diese drei Telefonnummern sind aus allen Ortsnetzen vorwahlfrei erreichbar.

Die Rufnummern für den **Bereitschaftsdienst der niedergelassenen Ärzte** im Rheinisch-Bergischen Kreis sind:

Für Bergisch Gladbach und Odenthal:
Bezirk NORD: Hand und Hebborn (stadtauswärts an der B 506), Nußbaum, Odenthal, Paffrath und Schildgen: 0 22 66 / 47 50 69

Bezirk SÜD: Hand und Hebborn (stadteinwärts an der B 506), Zentrum, Gronau, Heidkamp, Herrenstrunden, Rommerscheid und Sand:
0 22 66 / 47 50 72

Bezirk WEST: Frankenforst und Refrath:
0 22 66 / 47 50 75

Bezirk OST: Bärbroich, Bensberg, Ehrenfeld, Herkenrath, Herweg, Löhe, Lückerath, Moitzfeld und Steinacker:
0 22 66 / 47 50 78

Für das übrige Kreisgebiet:

Kürten: 01 80 / 5 35 42 62
Leichlingen: 01 80 / 5 35 42 62
Overath: 0 22 06 / 90 37 77
Rösrath: 0 22 05 / 1 92 92
Wermelskirchen: 0 21 91 / 1 92 92

In der **Stadt Burscheid** unterliegt der Bereitschaftsdienst einem täglichen Wechsel. Die aktuellen Bereitschaftsnummern sind der lokalen Tagespresse zu entnehmen.

Die Rufnummern der fachärztlichen Bereitschaftsdienste sind:

Augenarzt
Bergisch Gladbach, Kürten, Odenthal, Overath und Rösrath:
0 22 66 / 47 50 60

Burscheid und Leichlingen:
02 14 / 1 92 92

Wermelskirchen:
0 21 91 / 1 92 92

NOTFALL

Zahnarzt für das gesamte
Kreisgebiet:
0 22 04 / 96 29 48

Allgemeine Krankenhäuser
gibt es in Bergisch Gladbach
(Zentrum und Bensberg) und in
Wermelskirchen. Die Adressen sind:

Evangelisches Krankenhaus
Ferrenbergstraße 24
51465 Bergisch Gladbach
Tel.: 0 22 02 / 1 22 - 0

Marien-Krankenhaus
Dr.- Robert- Koch-Str. 18
51465 Bergisch Gladbach
Tel.: 0 22 02 / 9 38 - 0

Vinzenz-Palotti-Hospital
Vinzenz-Palotti-Str. 20–24
51429 Bergisch Gladbach-Bensberg
Tel.: 0 22 04 / 41 - 0

Krankenhaus Wermelskirchen
Königstr. 100
42929 Wermelskirchen
Tel.: 0 21 96 / 98 - 0

Die **Rettungsleitstelle** des
Rheinisch-Bergischen Kreises ist
unter der Rufnummer 1 92 92 zu
erreichen.

**In speziellen Notfällen stehen die
folgenden Ansprechpartner zur
Verfügung:**

**AIDS-Hilfe Bergisch Gladbach /
Rheinisch-Bergischer Kreis**
Odenthaler Straße 24
51465 Bergisch Gladbach
Tel.: 0 22 02 / 45 81 81
E-Mail: info@aidshilfe-gl.de
www.aidshilfe-gl.de

Elterntelefon: 08 00 / 1 11 05 50

Frauen helfen Frauen e.V.
Hauptstr. 182
51465 Bergisch Gladbach
Tel.: 0 22 02 / 4 50 12 oder 4 51 12

Kinder- und Jugendtelefon:
0800 / 111 03 33

**Suchthilfe Caritas RheinBerg
(Alkohol und Medikamente)**
Cederwaldstraße 22–24
51465 Bergisch Gladbach
Tel.: 0 22 02 / 10 08 - 2 04

**Suchthilfe Caritas RheinBerg
(Drogen)**
Kalkstraße 21
51465 Bergisch Gladbach
Tel.: 0 22 02 / 10 08 - 8 01

Telefonseelsorge:
evangelisch: 0800 / 111 0111
katholisch: 0800 / 111 0 222

TAGUNGSMÖGLICHKEITEN

Gerade für die gestressten Groß-
städter aus den nahe gelegenen
Ballungsräumen an Rhein und Ruhr
bietet der Rheinisch-Bergische Kreis
zahlreiche Möglichkeiten, in einer
schönen, ländlich geprägten
Umgebung Tagungen, Kongresse,
Firmenveranstaltungen und
Seminare abzuhalten. In den
Städten und Gemeinden des
Kreisgebietes gibt es eine Reihe
von Einrichtungen, die sich unter
anderem gerade auf diese Bedürf-
nisse spezialisiert haben. So beispielsweise in:

Bergisch Gladbach
Bürgerhaus Bergischer Löwe
Konrad-Adenauer-Platz
51465 Bergisch Gladbach
Tel.: 0 22 02 / 3 40 51
Fax: 0 22 02 / 4 16 27
www.bergischer-loewe.de
Tagungsmöglichkeiten für
100 – 650 Pers.

Forsthaus Steinhaus
Forstamt Bergisch Gladbach-Königsforst
Broichen 1
51429 Bergisch Gladbach
Tel.: 0 22 04 / 95 26-0
Durchwahl: -41
E-Mail: joerg.fillmann@fa-bergisch-
gladbach.lfv.nrw.de
Tagungsmöglichkeiten für 8 – 200 Pers.

Kardinal-Schulte-Haus
Overather Straße 51–53
51429 Bergisch Gladbach
Tel.: 0 22 04 / 40 80
Fax: 0 22 04 / 40 86 97
E-Mail: reserv@k-s-h.de
www.k-s-h.de
Tagungsmöglichkeiten für 20 – 500 Pers.

Rheinische Landesturnschule
Paffrather Straße 133
51465 Bergisch Gladbach
Tel.: 0 22 02 / 20 03 12 und 2 00 30
www.rtb-landesturnschule.de
Tagungsmöglichkeiten für 10 –130 Pers.

*Der Bergische Löwe, zentraler Treffpunkt und Veranstaltungsort
in Bergisch Gladbach*

TAGUNGSMÖGLICHKEITEN

Technologie Park Bergisch Gladbach
Friedrich-Ebert-Straße
51429 Bergisch Gladbach
Tel.: 0 22 04 / 84 22 20
Fax: 0 22 04 / 84 22 45
E-Mail: info@tbg.de
www.tbg.de
Tagungsmöglichkeiten für 15 – 400 Pers.

Burscheid
Hotel Schützenburg
Hauptstraße 116
51399 Burscheid
Tel.: 0 21 74 / 78 74-0
www.hotel-schuetzenburg.de
Tagungsmöglichkeiten für bis zu 90 Pers.

Leichlingen
Schloß Eicherhof
42799 Leichlingen
Tel.: 0 21 75 / 16 80 08
Fax: 0 21 75 / 16 80 07
E-Mail: M.Ackermann@Schloß-Eicherhof.de
www.Schloß-Eicherhof.de
Tagungsmöglichkeiten für bis zu 120 Pers.

Overath/Lohmar
Landhotel Naafs-Häuschen GmbH
Naafshäuschen 1
53797 Lohmar
Tel.: 0 22 06 / 60 8 - 0
Fax: 0 22 06 / 60 8 - 1 00
E-Mail: reception@naaf.de
www.naaf.de

rechts: Landhotel Naafs-Häuschen

Odenthal
Hotel-Restaurant Altenberger Hof
51519 Odenthal-Altenberg
Tel.: 0 21 74 / 49 70
Fax: 0 21 74 / 49 71 23
E-Mail: altenberger-hof@t-online.de
www.altenberger-hof.de
Tagungsmöglichkeiten für 6 –100 Pers.

Rösrath
Geno Hotel
Raiffeisenstraße 10 –16
51503 Rösrath
Tel.: 0 22 05 / 80 30
Fax: 0 22 05 / 8 64 57
E-Mail: GenoHotel@rwgv.de
www.genohotel.de
Tagungsmöglichkeiten für 10 – 300 Pers.

Wermelskirchen
Tagungshotel Maria in der Aue
In der Aue 1
42929 Wermelskirchen-Dabringhausen
Tel.: 0 21 93 / 5 05 - 0
Fax: 0 21 93 / 5 05 - 1 01
E-Mail: info@tagungen-aue.de
www.tagungen-aue.de

FAMILIEN UND KINDER

Familien und Kinder

Auch im Rheinisch-Bergischen Kreis gibt es eine Reihe von öffentlichen Spielplätzen, die sich aber aufgrund des Sparzwangs der Kommunen nicht selten in einem mehr oder minder beklagenswertem Zustand befinden. Hierüber sowie über weitere Angebote der Kommunen können Sie sich bei den Jugendämtern erkundigen:

Stadtjugendamt Bergisch Gladbach
An der Gohrsmühle 18
51465 Bergisch Gladbach
Tel.: 0 22 02/14 25 04
E-Mail: P.Liebmann@stadt-gl.de

Stadtjugendamt Leichlingen
Am Büscherhof 1
42799 Leichlingen
Tel.: 0 21 75/99 22 46
E-Mail: sozialerdienst@leichlingen.de

**Amt für Jugend und Soziales
– Burscheid, Kürten, Odenthal –**
Refrather Weg 30–36
51469 Bergisch Gladbach
Tel.: 0 22 02/13 67 83
E-Mail: Thomas.Strasser@
rbk-online.de

**Stadt Overath
Amt für Jugend, Schule, Sport**
Siegburger Str. 6
51491 Overath
Tel.: 0 22 06/60 22 44
Fax: 0 22 06/60 22 24
E-Mail: y.bovi@overath.de

Stadtjugendamt Rösrath
Hauptstraße 248
51503 Rösrath
Tel.: 0 22 05/80 23 16
E-Mail: Elke.Guenzel@roesrath.de

Jugendamt der Stadt Wermelskirchen
Bürgerzentrum
Telegrafenstraße 29–33
42929 Wermelskirchen
Tel.: 0 21 96/71 05 10
Fax: 0 21 96/7 10 75 10
E-Mail: Birgit.Ludwig-Schieffers@
stadt.wermelskirchen.de

Museen
Viele der in diesem Buch vorgestellten Museen und Freizeiteinrichtungen bieten museumspädagogische Dienste sowie Führungen und Tage der offenen Tür an, die ein kindgerechtes Programm beinhalten. Hier seien genannt:

Bergisch Gladbach

Rheinisches Industriemuseum »Alte Mühle Dombach« (siehe S. 55)

Bergisches Museum für Bergbau, Handwerk und Gewerbe (siehe S. 59)

Grube Weiß (siehe S. 67)

Bauernhaus-Museum der Familie Clemens (siehe S. 63)

Schulmuseum Bergisch Gladbach (siehe S. 66)

Städt. Galerie Villa Zanders (siehe S. 54; Tel. Mus.-päd. Dienst: 0 22 02/14 24 37)

FAMILIEN UND KINDER

Burscheid

Lambertsmühle (siehe S. 86)

Thomashof (Bauernhof mit Streichelzoo; siehe S. 87)

Odenthal

Deutscher Märchenwald Altenberg (siehe S. 121)

Overath und Umgebung
Bilderbuchmuseum
Burg Wissem
Burgallee 1, 53840 Troisdorf
Tel.: 0 22 41/88 41-11 oder 17
www.bilderbuchmuseum.de

Privates Heimat- und Zündapp-Museum (Kurt Oberdörster)
Schönenberg 19
53797 Lohmar
Tel.: 0 22 06/33 70

Spielfiguren des Puppenpavillons

Wermelskirchen

Kattwinkelsche Fabrik (siehe S. 130;
Infos auch unter Tel.: 0 21 96/ 72 40 28
oder 72 40 24 bzw. www.kattwinkelsche-fabrik.de/kids.htm)

Weitere Freizeiteinrichtungen für Kinder und Familien

Bergisch Gladbach

Indoor-Spielpark
**Tummel Dschungel
GmbH & Co. KG**
Verena Gieraths
Rathenaustraße 9
51427 Bergisch Gladbach
Info-Hotline: 0 22 04 / 6 16 08
www.tummel-dschungel.de

Puppentheater
Puppenpavillon Bensberg
Am Pangenfeld, Schulhof
51429 Bergisch Gladbach
Tel: 0 22 04/5 46 36, Fax: 5 21 62
www.puppenpavillon.de

Zentrum für Aktion und Kultur (ZAK)
Reginharstraße 40
51429 Bergisch Gladbach
Tel.: 0 22 04/97 88 14
Fax: 0 22 04/97 88 15
www.zak-gl.de
Erzählfestival, Kabarett, Kindertheater,
Ausstellungen, Lesungen, Kino, Feste

FAMILIEN UND KINDER

Kreativitätsschule Bergisch Gladbach e.V.

An der Wolfsmaar 11
51427 Bergisch Gladbach
Tel.: 0 22 04 / 6 44 15 und 6 79 13
Fax: 0 22 04 / 96 14 37
www.krea-online.de
Forum für kreatives Lernen; Krea-
tivitätspädagogische Spielgruppen;
vielfältiges Kursangebot: Multimedia,
Mode-Design für Jugendliche und
Erwachsene, Malerei und
Bildhauerei, Musik und Rhythmus,
Theater/Circus, Video/Computer

Kürten

Kinderzirkus
Freizeitkreis TOPOLINO e.V.

Auf dem Büchel 25
51515 Kürten
Tel.: 0 17 56 36 50 24
www.freizeitkreis-topolino-ev.de
Diverse Übungsgruppen für Kinder
(fast) aller Altersstufen; der Zirkus
tritt bei verschiedenen Anlässen auch
öffentlich auf.

*Eine der Attraktionen vom
Krewelshof: Kutschfahrten
für Jung und Alt.*

Overath/Rösrath und Umgebung

Krewelshof bei Lohmar
an der L 288
53797 Lohmar
Tel.: 0 22 05 / 89 77 00
www.krewelshof.de
Mit Spielplatz und vielen kleinen wie
großen Fahrzeugen, Wasserrutsche,
Trampolinen, einer Heuscheune
zum Klettern und Toben. Im Spätsommer
bietet der Hof ein großes Maislabyrinth.

Wermelskirchen

Familien-Ferien-Trägerwerk e.V.
In der Aue 1
42929 Wermelskirchen
Tel.: 0 21 93 / 5 06 00
www.fftw.de
Bietet diverse Kinder-, Erwachsenen-
und Familienfreizeiten an.

Gastronomie für Familien mit Kleinkindern

Klausmann
Kölner Str. 100
51429 Bergisch Gladbach - Bensberg
Tel.: 0 22 04 / 5 33 22
www.klausmann-kneipe.de
Biergarten mit Kinderspie platz sowie
Hasen und Ziegen.

Asselborner Mühle
Asselborner Mühle 11
51429 Bergisch Gladbach
Tel.: 0 22 07 / 14 14
www.asselbornermuehle.de

Bei Voranmeldung wird für die kleinen Gäste Kinderbetreuung angeboten, sodass auch die Eltern ihr Menü in Ruhe genießen können.

Erlebnis- und Wellnessbäder

Die hier genannten Bäder sind ein besonderes Erlebnis für Kinder und Familien.

Paffrath

Kombibad Paffrath
Borngasse
51467 Bergisch Gladbach
Tel.: 0 22 02 / 5 33 44

Bensberg

Mediterana Freizeit- und Wellnessbad
Saaler Mühle
51429 Bergisch Gladbach
Tel.: 0 22 04 / 20 20
Fax: 0 22 04 / 20 22 22
www.mediterana.de

Kürten

Splash Sauna- und Badeland
Broch 8
51515 Kürten
Tel.: 0 22 68 / 9 03 19
Fax: 0 22 68 / 9 03 18
www.splash.kuerten.de

Das Mediterana bietet für alle etwas: ein Warmwasserbad, ein Kinderbecken mit Spielsand für die Kleinsten, diverse Wellness- und Sauna-Einrichtungen für die gestressten Eltern.

NÄHERE
UMGEBUNG

Klingenmuseum,
Solingen

Neander-
thal

Schloss Burg

Kölner Dom

Schloss Homburg

romanisches
Köln

Siegburg

Sehenswertes in der Umgebung

Auch die Umgebung des Rheinisch-Bergischen Kreises besitzt viele Sehenswürdigkeiten. Darum sollen die wichtigsten hier eine kurze Erwähnung finden:

Natürlich sind es gerade die nahe gelegenen Großstädte, die sowohl die Einheimischen wie auch die Besucher des Rheinisch-Bergischen Kreises immer wieder zu einer Visite einladen.

Das nahe gelegene **Köln** lockt mit seinem Dom, den schönen Kirchen aus den unterschiedlichen Epochen, Museen, der weltberühmten Altstadt und vielem mehr, das wert ist, aufgesucht zu werden.

Die ehemalige Bundeshauptstadt **Bonn** hat nichts von ihrem Charme verloren. Nicht nur das ehemalige Bundestagsviertel, das Haus der Geschichte, das Rheinische Landesmuseum, das Geburtshaus Ludwig van Beethovens und der Blick auf das Siebengebirge mit seinem sagenumwobenen Drachenfels sind einen Besuch wert.

Düsseldorf, die alte bergische und immer junge Hauptstadt des Landes Nordrhein Westfalen, ist nicht nur durch ihre elegante Einkaufs- und Flaniermeile, die Königsallee, berühmt. Dem Interessierten bieten sich auch viele malerische und historische Winkel, wie beispielsweise die Ruinen der staufischen Pfalz im Stadtteil Kaiserswerth oder die romanische Pfarrkirche Sankt Margaretha.

Schloss Burg an der Wupper in einer historischen Ansicht.

Neben all diesen Schön- und Berühmtheiten bieten aber auch die bergischen Nachbarn des Rheinisch-Bergischen Kreises so manche Sehenswürdigkeit und seltenes Kleinod, das es zu entdecken gilt.

So sollte ein Besuch von **Schloss Burg** an der Wupper, der größten wieder errichteten Burganlage Westdeutschlands, ein Muss bei jeder Visite im Bergischen Land sein. Unweit

Durch das architektonisch interessante Gebäude des Neanderthal-Museums verläuft ein 400 m langer Pfad durch die Menschheitsgeschichte.

von Wermelskirchen, aber auf dem Gebiet der Stadt Solingen gelegen, erhebt sich das ehemalige Schloss der Grafen von Berg, die einst die Landesherren waren, auf schroffem Felsen über der Wupper. Die Anlage, die heute ein Museum zur Bergischen Geschichte beheimatet, wurde seit dem 19. Jahrhundert liebevoll restauriert und dient auch als Kulisse für mittelalterliche Märkte und Theateraufführungen.

Wenn man dann schon einmal in **Solingen**, der »Klingenstadt«, ist, sollte man auch einen Blick in das dortige Museum werfen, das die Geschichte dieses Industriezweiges, der einst für das gesamte Bergische Land bedeutend und prägend war.

Den wohl ältesten und bekanntesten Bewohner des Bergischen Landes trifft man in Mettmann an. Es ist der Neandertaler, der im gleichnamigen Stadtteil zu Hause ist. Ein interessantes Museum, das erst vor wenigen Jahren unter Berücksichtigung der Standards der modernen Museumspädagogik errichtet wurde, führt in die Ur- und Frühgeschichte der Menschheit ein.

Viel zu bieten hat die Landesgartenschau in Leverkusen, die durchaus auch in der kalten Jahreszeit ihre besonderen Reize hat. Im Bild der japanische Feng-Shui-Garten.

Weitere lohnenswerte Ziele sind das niederbergische Wuppertal mit seiner Schwebebahn und dem Uhrenmuseum im Stadtteil Elberfeld. In Remscheid befindet sich das Deutsche Röntgenmuseum.

Sehr interessant ist dort auch die »Müngstener Brücke« – eine

Eisenbahnbrücke, die 107 Meter hoch über dem Tal der Wupper erbaut wurde und 500 Meter lang ist. Sie verbindet Remscheid und Solingen mit den Stadtteilen Ohligs, Wald, Höhscheid und Gräfrath und wurde ohne den Aufbau von Gerüsten errichtet, was vor über 100 Jahren eine Meisterleistung der Ingenieurkunst darstellte.

Müngstener Brücke zwischen Remscheid und Solingen

In dem dem Rheinisch-Bergischen benachbarten Oberbergischen Kreis lädt die Neyetalsperre bei Wipperfürth zu einer Wanderung ein. Danach kann man in der dortigen Altstadt mit ihrem schönen Markt gemütlich verschnaufen. Aber auch andere Städte und Sehenswürdigkeiten des Oberbergischen sind ein Vorbeischauen wert. Berühmt ist die Aggertalhöhle mit ihren versteinerten Korallenbänken in Engelskirchen und das dortige Industriemuseum mit der Spinnerei der Familien Ermen und Engels. Übrigens ist der bekannteste Spross der Familie Engels der Schriftsteller und Sozialist Friedrich Engels, ein Freund und Gönner von Karl Marx.

Die »Bunte Kerke« mit ihren aufwändigen mittelalterlichen Deckengemälden im Gummersbacher Stadtteil Lieberhausen gehört zu den Sehenswürdigkeiten, an denen viele leider vorbeifahren, ohne sie zu beachten. Für denjenigen aber, der sich für sakrale Kunst interessiert, ist sie genauso ein Muss wie für den Technikfreund das Museum »Achse, Rad und Wagen« in Wiehl, in dem 5500 Jahre Kultur- und Technikgeschichte anschaulich dargestellt werden.

Wandmalerei in der Bonten Kerk von Lieberhausen

Schloss Homburg bei Nümbrecht mit seiner auffälligen gelben Fassade

Die Ornithologen kommen in **Reichshof-Eckenhagen** im dortigen Vogelpark auf ihre Kosten, und wer in Burg an der Wupper mehr Geschmack an der Bergischen Geschichte gefunden hat, der sollte einen Abstecher nach **Schloss Homburg** bei Nümbrecht machen, das der Sitz des Oberbergischen Museums ist.

Natürlich gibt es neben den kurz vorgestellten Sehenswürdigkeiten noch vieles im Bergischen Land, was es zu sehen und zu bestaunen gibt. Das Wichtigste aber, was man mit-

Müllenbach, Haus der Geschichten. Dieses Museum, gegründet von Harry Böseke, wartet mit vielen Kuriositäten aus der oberbergischen Geschichte auf. Jeden Sonntag finden hier zudem interessante Veranstaltungen statt. Ein Höhepunkt in Müllenbach ist das Bücherfest, das jedes Jahr im Sommer gefeiert wird.

Das vermeintlich älteste Haus im Bergischen Land, Haus Dahl, liegt nahe Müllenbach und wurde unlängst liebevoll renoviert.

bringen sollte um dies alles kennen zu lernen, ist ein wenig Zeit und Geduld. So manches liegt versteckt ein wenig abseits von den großen Durchgangsstraßen und hinterlässt doch beim näheren Betrachten einen bleibenden Eindruck.

Nähere Auskünfte erhält man bei den zuständigen Fremdenverkehrsämtern und Touristik-Informationen.

Einer der zweifelsohne attraktivsten touristischen Ziele im Oberbergischen ist Lindlar. Hier seien insbesondere erwähnt der hübsche Ortskern mit der markanten Pfarrkirche (rechts), das Schloss Heiligenhoven mit dem angrenzenden Park sowie das Bergische Freilichtmuseum Lindlar für Ökologie und bäuerlich-handwerkliche Kultur. Auch das historische Dorf Hohkeppel, das zur Gemeinde Lindlar gehört, ist einen Ausflug wert.

BERGISCH GLADBACH

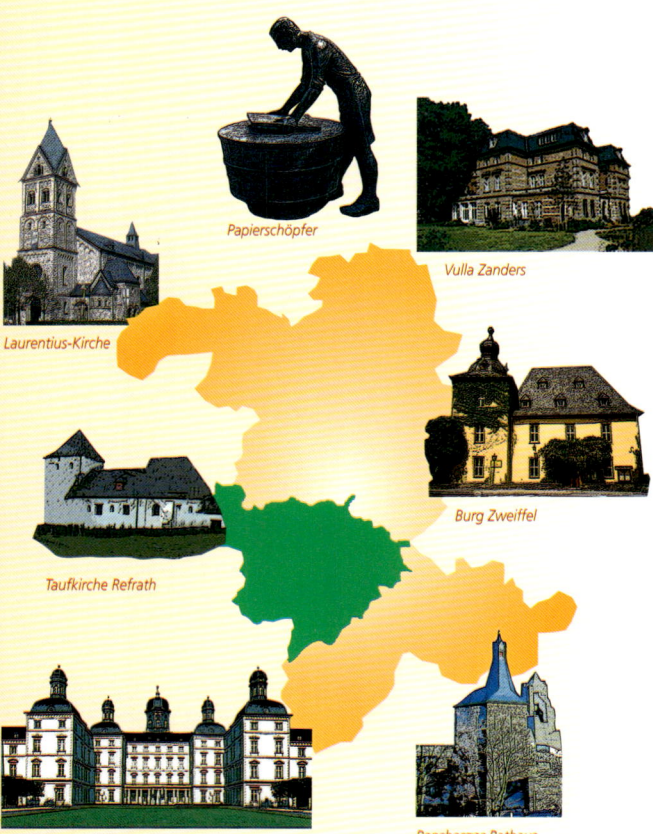

Papierschöpfer

Vulla Zanders

Laurentius-Kirche

Burg Zweiffel

Taufkirche Refrath

Neues Schloss Bensberg

Bensberger Rathaus

Die Kreisstadt Bergisch Gladbach mit über 100 000 Einwohnern ist nicht nur das politische, sondern auch das wirtschaftliche, kulturelle und Verwaltungszentrum des Rheinisch-Bergischen Kreises. In ihrer heutigen Struktur ist sie das Produkt der kommunalen Neugliederung des Kölner Raumes vom 1. Januar 1975. Damals wurden die unabhängigen Städte Bensberg und Bergisch Gladbach zwangsfusioniert. Von der Gemeinde Odenthal kam der Ortsteil Schildgen zu Bergisch Gladbach.

Geschichte

Zahlreiche ur- und frühgeschichtliche Funde belegen, dass das Bergisch Gladbacher Gebiet schon seit der Mittel- und Jungsteinzeit von Menschen aufgesucht wurde. Ob es sich hierbei um eine dauerhafte Besiedlung oder aber um durchziehende Jäger- und Sammlergruppen handelte, ist immer noch umstritten.

Urnenfelder, Einzelbeisetzungen und zahlreiche andere Funde der Hallstattzeit (700–400 v. Chr.) legen die Vermutung nahe, dass es in jener Zeit zu ersten ständigen Ansiedlungen kam. Aus der Latene-Zeit (400–100 v. Chr.) ist der große Ringwall der »Erdenburg« auf die Gegenwart überkommen.

Diverse archäologische Funde aus der Eisenzeit belegen eine Besiedlung um die Zeitenwende.

Für einen intensiven Handel mit dem römisch besetzten Teil Germaniens, insbesondere mit dem nahe gelegenen Köln, sprechen römische Münz- und Scherbenfunde. Für eine ständige Anwesenheit der Römer hingegen fehlen »noch?« die Beweise.

Ausgehend von Düsseldorf-Kaiserswerth wurde der Bergisch Gladbacher wie auch der übrige rheinisch-bergische Raum ab dem 7. Jahrhundert christianisiert. Die vermutlich aus dem 10. Jahrhundert stammende Motte in Refrath-Kippekausen ist

INFO

Bergisch Gladbach
Einwohner: 110 033
Fläche: 83,1 km²
Verwaltung:
Stadt Bergisch Gladbach
Rathaus, Konrad-
Adenauer-Platz
51465 Berg. Gladbach
Tel.: 0 22 02 / 14-0
www.bergischgladbach.de

Das »Neue Rathaus« zu Bensberg, in das erhaltene Teile der mittelalterlichen Burganlage, hier Mauerteile des »Pallas«, integriert wurden.

die erste belegbare frühmittelalterliche Siedlung des Stadtgebietes.

In dieser Zeit kam es wahrscheinlich auch zu Rodungen und Siedlungsansätzen in Paffrath und im Bereich des heutigen Zentrums von Bergisch Gladbach. An diese schlossen sich weitere in Herkenrath, Hebborn und Bensberg an.

Die ersten Kirchen entstanden im 12. Jahrhundert in Herkenrath, Refrath und Paffrath. Das Gotteshaus in Herrenstrunden wurde hingegen erst im 14. Jahrhundert erbaut.

Als Rittersitze sind im 13. Jahrhundert Haus Blegge bei Paffrath und Burg Zweiffel in Strunden (Herrenstrunden) urkundlich belegt. Aus dem Jahr 1451 datiert der erste schriftliche Hinweis über das Haus Lerbach bei Sand. Nachfolgebauten der erwähnten Rittersitze sind auf die Gegenwart überkommen.

Wohl schon zu Ende des 11. Jahrhunderts hatten die Grafen von Berg in Bensberg eine Burg errichtet, deren Überreste in das heutige Rathaus architektonisch integriert sind. Diese Feste »Benesburc« war vom 14. bis zum 16. Jahrhundert der regionale Verwaltungsmittelpunkt des bergischen Amtes Porz.

In den Jahren 1706/11 ließ der volkstümliche Kurfürst Johann Wilhelm II., genannt »Jan Wellem«, das Neue Schloss in Bensberg errichten.

Bereits ab dem 11. Jahrhundert finden sich in Bergisch Gladbach Spuren mittelalterlich-industrieller Produktion. So waren die Stadtteile Katterbach und Paffrath, begünstigt durch die dortigen tertiären Tonlager, vom 11. bis in das 15. Jahrhundert hinein Sitz eines florierenden Töpferhandwerks, das insbesondere die berühmten »Paffrather Kugeltöpfe« produzierte.

Ansätze eines aufstrebenden Mühlengewerbes finden sich ab dem 13. Jahrhundert im Tal der Strunde. Aus dieser Zeit, nämlich aus dem Jahr 1271, stammt auch die erste urkundliche Erwähnung Gladbachs.

Am »fleißigsten Bach Deutschlands« entstanden in den folgenden Jahrhunderten Getreide-, Gewürz-, Loh-, Öl-, Tabak- und Tuchwalkmühlen. Aber auch Schleifkotten siedelten sich an. Der Vertreibung evangelisch-

Kurfürst Johann Wilhelm II. (1658–1716), genannt Jan Wellem

reformierter Christen aus den Niederlanden und Köln, die sich daraufhin im religiös toleranteren Herzogtum Berg ansiedelten, ist es zu verdanken, dass gegen Ende des 16. Jahrhunderts die ersten Papiermühlen an der Strunde entstanden. Damit wurde der Grundstein zu einer industriellen Entwicklung gelegt, die in den folgenden Jahrhunderten die Gladbacher Geschichte und die Entwicklung der Stadt entscheidend prägen sollten. Der Name »Zanders Feinpapiere« sei hierbei besonders hervorgehoben.

Papierwerk in der Dombach. Heute ist der Ort ein modernes Museum, in dem die Geschichte der Papierherstellung von ihren Anfängen bis heute nachvollzogen werden kann.

*Das Museum Alte Dombach in Bergisch Gladbach. Dieses hervorragend aufge-
machte Museum vollzieht die Geschichte der Papierherstellung von ihren
Anfängen bis zur Moderne nachvollzieht (Beschreibung siehe Seite 55).*

Eine Blüte erlebte das »Bensberger Erzrevier« im 19. Jahrhundert. In mehreren Gruben wurden dort Blei- und Zink-
erze abgebaut.

Verwaltungstechnisch gehörten Bensberg, Gladbach, Paffrath und zahlreiche andere Orte und Weiler des heutigen
Stadtgebietes seit der zweiten Hälfte des 14. Jahrhunderts
zum Amt Bensberg und seit 1555 zum Amt Porz, wobei der
regionale Verwaltungssitz in Bensberg verblieb.

Zwar fanden in den folgenden Jahrhunderten gewisse
interne Auf- und Neueinteilungen dieses Amtes statt,
Grundsätzliches änderte sich aber erst im Jahre 1808, als
während der Verwaltungsreformen infolge der napoleonischen Besetzung des Bergischen Landes die Mairie
Gladbach und die Mairie Bensberg entstanden, die bis zum
Jahr 1813, also bis zur Vertreibung der Franzosen, bestanden.

1814 kamen Bensberg und Gladbach zum neu geschaffenen Kreis Mülheim am Rhein und mit diesem 1815 unter
preußische Regierung, was bei der Bevölkerung zunächst

wenig Begeisterung hervorrief. Aus jener Zeiten stammt auch der spöttische Vers, der die damalige Stimmung drastisch umschreibt:

»Roter Kragen, nichts im Magen.
Goldne Tressen, nichts zu fressen.
Sau Preuß!«

1856 wurden Gladbach die Stadtrechte verliehen. Zur Unterscheidung von München-Gladbach, dem heutigen Mönchengladbach, erhielt es 1863 den Zunamen Bergisch. Natürlich nutzten dies gerade die umliegenden Ortschaften zum Spott. Statt die junge Stadt mit ihrem offiziellen Namen Bergisch Gladbach zu betiteln, hieß es schon bald gelegentlich (teils spöttisch und teils neidisch) im bergischen Platt »Schäbbisch Gläbbisch«.

Trotzdem wuchs und gedieh Bergisch Gladbach in den folgenden Jahrzehnten bis 1914, und auch mit den »Preußen« arrangierte man sich bald.

Die Stadtgeschichte des 20. Jahrhunderts wurde durch die beiden Weltkriege, die Wirtschaftskrisen der 1920er Jahre und nicht zuletzt durch kriegsbedingte Zerstörungen, den massiven Zuzug von Vertriebenen und Flüchtlingen und das Wirtschaftswunder der 1950er Jahre entscheidend mitgeprägt.

1947 erhielt Bensberg die Stadtrechte verliehen.

Trotz des teilweise massiven Widerstandes, gerade auf Seiten der Bensberger, wurden die Städte Bergisch Gladbach und Bensberg im Rahmen der kommunalen Neugliederung des Kölner Raumes zum 1. Januar 1975 fusioniert.

Im Laufe der Jahre wurde aus dieser zunächst eher widerwillig geschlossenen »Vernunftsehe« in gewisser Weise eine »Liebesbeziehung«.

Dies kommt nicht nur darin zum Ausdruck, dass eine Bensbergerin bis vor kurzem Bürgermeisterin der Stadt Bergisch Gladbach war und eine andere Bensbergerin, nämlich das aus Refrath stammende Top-Model Heidi Klum, derzeit die wohl weltweit bekannteste Bergisch Gladbacherin ist.

Sehenswürdigkeiten

Innenstadt

Einen Spaziergang durch das Zentrum von Bergisch Gladbach beginnt man am besten im oberen Teil der Hauptstraße, an der evangelischen **Gnadenkirche**. Der

Evangelische Gnadenkirche

Oktogonbau wurde 1766 unter Leitung des kurkölnischen Baumeisters Johann G. Leydel errichtet. In den Jahren 1788 (Errichtung des Glockenturms) und 1899 (Erweiterung des Gotteshauses nach Norden und Errichtung des klassizistischen Portikus) erhielt die Gnadenkirche ihr heutiges Aussehen. In den Jahren 1971 bis 1977 wurde sie renoviert. Die Innenausstattung aus dem 18. Jahrhundert ist teilweise noch erhalten.

Die Besichtigung des Innenraumes ist nach Absprache mit dem Küster unter der Rufnummer 0 22 02 / 3 28 90 möglich.

Versteckt links neben der Kirche liegt der 1777 eingeweihte **Alte Evangelische Friedhof** von Bergisch Gladbach, der bis 1870 in Benutzung war. Hier sind die überkommenen Grabdenkmäler einiger für die Geschichte der Stadt bedeutenden Familien zu sehen.

Der Hauptstraße weiter abwärts folgend, gelangt man zum **Konrad-Adenauer-Platz**, mittwochs und samstags auch als Markt genutzt, der das Herz des Bergisch Gladbacher Stadtzentrums darstellt. Die dortige neoromanische Pfarrkirche **St. Laurentius** wurde in ihrer heutigen Form in drei Bauphasen, nämlich 1845–47, 1871–78 und 1905–07 errichtet.

Die sehenswerte Innenausmalung wurde in den Jahren 1914–18 ausgeführt.

Die Laurentiuskirche am Konrad-Adenauer-Platz

An der Nordseite des Konrad-Adenauer-Platzes liegt das Rathaus von 1905/06, das von dem Architekten Ludwig Bopp entworfen wurde und das architektonische Gesamtensemble des Platzes prägt. Im Treppenhaus des Gebäudes, das zu den Geschäftszeiten der Stadtverwaltung frei zugänglich ist, befinden sich historische Gemälde und Glasfenster mit Bezug auf die Geschichte von Bergisch Gladbach.

Das Brau- und Gasthaus »Am Bock«, das sich rechts neben dem Rathaus befindet, wurde 1905 ebenfalls von Ludwig Bopp konzipiert. So auch der alte linke Teil des an der Ostseite des Platzes gelegenen Bürgerhauses **Bergischer Löwe**, der im historisierenden Stil der deutschen Spätrenaissance ausgeführt ist. 1903 nahm Bopp hier den Um- und Vergrößerungsbau eines schon bestehenden Gasthauses aus dem 19. Jahrhundert vor, das fortan als Restaurant, Hotel und Theater, aber auch als die offizielle »gute Stube« der Bergisch Gladbacher Gesellschaft genutzt wurde.

Den südlichen modernen Teil des Bergischen Löwen hat Prof. Gottfried Böhm entworfen, dem man noch öfters in der architektonischen Stadtgeschichte begegnen wird. 1980 wurde sein Plan realisiert. Dieser Teil beherbergt neben

Kulturelles Zentrum in Bergisch Gladbach: Die Villa Zanders mit ihrem stilvollen Interieur

INFO

Städtische Galerie Villa Zanders
Konrad-Adenauer-Platz 8
51465 Berg. Gladbach
Tel.: 0 22 02 / 14 23 34
       0 22 02 / 14 23 56
Fax: 0 22 02 / 14 23 40
E-Mail: museum@
       stadt-gl.de
Tägl. 11–17 Uhr und
Do. 11–19.30 Uhr
geöffnet. Mo. geschl.
Es besteht auch die
Möglichkeit, in den
Räumlichkeiten stan-
desamtlich zu heiraten.

Restaurations-, Tagungs-, Geschäfts- und Ausstellungsräumen auch den Theater- und Konzertsaal der Stadt Bergisch Gladbach. Auch ist im Bergischen Löwen die frei zugängliche **Städtische Fossiliensamlung** zu sehen. Ihre Exponate umfassen 500 Millionen Jahre der Erdgeschichte. Hierbei sind für die Stadtgeschichte besonders die Funde der Bergisch Gladbach-Paffrather Kalkmulde wichtig.

Die **Villa Zanders**, gegenüber dem Bergischen Löwen, errichtete der Architekt H. O. Pflaume im Auftrag von Maria Zanders, die nach dem frühen Tod ihres Mannes die Geschäfte der Fabrik Zanders führte, in den Jahren 1872–74. Das im französischen Renaissancestil ausgeführte Repräsentationsgebäude, das während des 20. Jahrhunderts eine recht wechselvolle Geschichte hatte, wird seit 1992 als Städtische Kunstgalerie (unter anderem mit Arbeiten rheinischer Künstler des 19. Jahrhunderts, dem Nachlass des Malers Walter Lindgens (1893–1978) sowie der Sammlung »Papier als künstlerisches Medium) zu diversen kulturellen Veranstaltungen und Sonderausstellungen genutzt.

Kehrt man von der Villa Zanders zurück auf den Konrad-Adenauer-Platz, so geht man an der Figur des **Papierschöpfers** vorbei, die 1982 von dem aus dem Gladbacher Stadtteil Schildgen stammenden Künstler Werner Franzen geschaffen und

vom Verschönerungsverein Bergisch Gladbach gestiftet wurde.

Der die Platzmitte beherrschende moderne **Brunnen**, im Volksmund »Die Waffel« genannt, symbolisiert
das Papierschöpfen. Er stellt somit einen künstlerischen
Kontext zu dem Industriezweig her, der über
Jahrhunderte hinweg einer der wichtigsten
Erwerbszweige der Stadt war. Der Brunnen,
der ein beliebter Treffpunkt der Gladbacher
gerade im Sommer ist, wurde 1982 von
Albert Sous errichtet.

Den Konrad-Adenauer-Platz auf der Hauptstraße (Fußgängerzone) abwärts verlassend,
kommt man nach ca. 200 Metern an eine Stichstraße, die (ebenfalls Fußgängerzone) zum **»Hei-
matdenkmal«** führt, das 1991 von Rolf Steudel
aus Dortmund geschaffen wurde.

*Das Denkmal des
Papierschöpfers*

Es stellt die Bronzeplastiken des Poli-
tikers, Heimatforschers und Schriftstellers
Vincenz von Zuccalmaglio, des Kunst- und
Landschaftsmalers Johann Wilhelm Lindlar,
des Komponisten Max Bruch, der Fabrikan-
tin und Bewahrerin des Altenberger Doms
Maria Zanders und des Heimatforschers
und Lehrers Dr. Ferdinand
Schmitz dar. Auf kunstvollen Ta-
feln, die unter den jeweiligen
Büsten angebracht sind, ist Nä-
heres über diese Persönlichkeiten und ihr Wirken zu erfahren,
das in engem Zusammenhang
mit Bergisch Gladbach steht.

*Im Museum Alte
Dombach zeichnet sich
nicht zuletzt durch vor-
bildliche museumspäda-
gogische Arbeit aus, die
einen Besuch für Familien
mit Kindern zu einem
Erlebnis werden lässt.*

Wenn man Bergisch Gladbach
auf der Hauptstraße in Richtung
Herrenstrunden verlässt, so biegt
bald eine Straße mit dem Namen
»Alte Dombach« nach links ab.
An dieser liegt das Rheinische
Industriemuseum »Papiermühle

INFO

Alte Dombach
Di. bis So.
10.00 bis 17.00 Uhr
geöffnet
Tel.: 0 22 02 / 9 36 68 - 23
 oder 9 36 68 - 0
Fax: 0 22 02 / 9 36 68 - 21

Alte Dombach«. In den historischen Fachwerkhäusern, in denen seit etwa 1620 Papiermacher arbeiteten und lebten, wird die Sozial-, Technik- und Kulturgeschichte dieses Industriezweiges, der für die Entwicklung der Stadt Bergisch Gladbach von großer Bedeutung war, dargestellt.

Auch die in nächster Nähe gelegene »Papierfabrik Neue Dombach« ist in das Industriemuseum integriert. Dort wird mit Hilfe von Originalmaschinen die Papierproduktion zu Anfang des 20. Jahrhunderts gezeigt.

Ein Besuch des restaurierten historischen Gartens, des Cafés am Mühlenteich oder des Museumsladens runden einen interessanten Besuch der Geschichte der Bergisch Gladbacher Papierindustrie ab.

Die **Stadtvilla der Familie Zanders** in der Hauptstraße 267–269 wurde im Auftrag von Hans Zanders in den Jahren 1876 und 1901/2 erbaut. Von 1986 bis 1990 fanden umfangreiche Renovierungs- und Umbauarbeiten statt. Der lang gestreckte Bau mit klassizistischen Schmuckelementen dient seit 1991 als Kulturhaus der Zanders Feinpapiere AG. Neben der Geschäftsstelle des Altenberger Dom-Vereins ist dort auch die Papiergeschichtliche Sammlung der Stiftung Zanders beheimatet. Das Gebäude wird aber auch als repräsentativer Rahmen für wechselnde Ausstellungen und Konzerte genutzt. Das jeweilige Programm ist bei den genannten Geschäftsstellen zu erfragen.

INFO

**Geschäftsstelle
des Altenberger
Dom-Vereins**
Tel.: 0 22 02 / 3 00 08
**Papiergeschichtliche
Sammlung der
Stiftung Zanders**
Tel.: 0 22 02 / 15 20 60

Bensberg

Wenn die Siedlung auch viel älter ist, einen ersten urkundlichen Fingerzeig über die Existenz von Bensberg findet man im Jahr 1139. Der dortige Hinweis auf einen »Wicherus de Benesburc« deuten Historiker als einen Beleg dafür, dass

Das alte Bensberger Schloss nach einer Darstellung aus dem Jahr 1826

damals schon eine Burg oder ein Herrenhof in Bensberg existierte.

So sollen auch die Reste der **Bensberger Burg**, oder besser des »**Alten Schlosses**« der Ausgangspunkt zu einem historischen Rundgang durch das Zentrum von Bensberg sein.

Seinen Wagen stellt man am besten auf dem Parkplatz vor dem »Alten Schloss«, das heute als Bensberger Rathaus bekannt ist, ab. Das »Alte Schloß« wurde in der 1. Hälfte des 12. Jahrhunderts von den Grafen von Berg zur Sicherung des Südteils ihrer Herrschaft errichtet. Vermutlich bauten sie dabei die schon vorhandene Wehranlage aus, die von 1363 bis 1555 der Verwaltungssitz des Amtes Bensberg-Porz war. Heute noch erhalten sind der Bergfried, Teile der mittelalterlichen Umfassungsmauer, die Untergeschosse des Michaels- und des Engelbertturms und Segmente des Pallas, die heute in den Ratssaal integriert sind. Das »Alte Schloss« wurde im Laufe der Jahrhunderte mehrfach zerstört, erweitert, um- und ausgebaut. In seiner wechselvollen Geschichte diente es zu vielen Zwecken, so auch als Sitz eines Hexengerichtes. Hieran erinnert eine schlichte Gedächtnistafel, die im Rathausinnenhof an der Außenseite des neuen Rathausturms angebracht ist.

Abendliche Sicht von Bensbergs Mitte auf die Kölner Bucht

Der Turm des Alten Schlosses im Ensemble mit dem modernen Rathausturm – eine architektonische Besonderheit in der Region

Nachdem das »Alte Schloss« während des 16. Jahrhunderts zeitweilig dem bergischen Herzog Wilhelm IV. »dem Reichen« (1539–1592) als Residenz diente, der es auch durch den Baumeister Alessandro Pasqualini umbauen ließ, verblasste seine Herrlichkeit und Bedeutung im 17. und 18. Jahrhundert, insbesondere nach dem Bau des »Neuen Schlosses« zu Bensberg. Nachdem sogar der Pallas eingestürzt war, wurde dieser 1848 wieder aufgerichtet, und 1859 wurde die gesamte Anlage zu einem katholischen Krankenhaus und Kloster umgebaut. Nach dessen Schließung wurden 1964 alle

Bauteile des »Alten Schlosses«, die nach 1850 errichtet worden waren, abgerissen. Prof. Gottfried Böhm wurde damit beauftragt, die historischen Bauelemente in den Neubau eines Rathauses zu integrieren.

Seine Ausführung, die teils hoch gerühmt und teils verteufelt wurde und wird, zählt heute zu den das Bensberger Stadtbild prägenden Gebäuden.

Vom Turm des **Bensberger Rathauses**, das im Volksmund ob seiner eigenwilligen Konstruktion auch »Affenfelsen« genannt wird, hat man einen herrlichen Ausblick über die Kölner Bucht. Der Turm ist während der Öffnungszeiten des Rathauses frei zugänglich.

Um das alte Bensberger Schloss herum verlief in früheren Zeiten ein Wallgraben, dieser gab der Straße Burggraben, die sich unterhalb des Rathauses befindet, seinen Namen. Dort, Burggraben 9–21, hat das **Bergische Museum für Bergbau, Handwerk und Gewerbe** seine Heimat. Neben dem Hauptgebäude, dem so genannten »Türmchenhaus«, das aus dem 17. Jahrhundert stammt, sind auf dem Museumsgelände einige weitere Häuser im bergischen Stil errichtet worden. Wie der Name schon sagt, ist das Museum bemüht, einen umfassenden Einblick in alle wichtigen Lebens-

INFO

Das **Bergische Museum für Bergbau, Handwerk und Gewerbe** ist von Di. bis So. von 10.00 bis 17.00 Uhr geöffnet. Auskünfte zu Führungen und Sonderveranstaltungen: 0 22 04 / 5 55 59

Bereits der Weg zum Museum bietet einiges fürs Auge (Bild oben). Zu besichtigen sind unter anderem die Stellmacherei (Mitte) sowie eine Schmiedewerkstatt.

bereiche der rheinisch-bergischen Vergangenheit zu geben, wobei das Schaubergwerk im Hauptgebäude sicherlich einen der Höhepunkte eines jeden Besuches darstellt.

Der Straße »Burggraben« hangaufwärts folgend, gelangt man zunächst in das Fachwerkensemble **»Malerwinkel«**, um dann auf den Markt zu kommen. Das dortige Restaurant »Goethehaus«, ein Neubau aus den 1960er Jahren, erinnert an einen Vorgängerbau aus dem 17. Jahrhundert. 1764 speiste der deutsche Dichterfürst Johann Wolfgang von Goethe anlässlich einer Rheinreise hier zu Mittag. Über diesen Aufenthalt heißt es im Tagebuch seines Freundes und Mitreisenden J. G. Jakobi: »Schloss und Dorf Bensberg liegen auf einem hohen Berge, von dem man viele Meilen voll Wälder, Äcker und Heiden, in der Ferne eine Strecke des Rheins und die berühmten sieben Berge sieht. Wir speisten in einer schönen Laube, dicht einem Gärtchen voll Blumen, hinter dem Gärtchen öffnete sich ein Teil der großen Aussicht. Ich glaube, dass die Götter dann und wann auf einer silbernen Wolke so ihren Nektar trinken und die Hälfte der Erde übersehen.«

Nun, die Laube ist inzwischen verschwunden, aber der Ausblick ist noch immer beachtlich.

Vom Markt aus sieht man schon das **Neue Schloss zu Bensberg**. Seiner Umfassungsmauer nach links folgend, die »Kadettenstraße« entlang, gelangt man zum Haupteingang.

In den Jahren 1703 bis 1716 ließen der Kurfürst Johann Wilhelm der II. von Pfalz-Neuburg und seine zweite Ehefrau Maria Louisa de Medici diesen barocken Prachtbau als Jagdschloss errichten. Berühmte Künstler wie der aus Venedig stammende Architekt Graf Matteo Alberti, die italienischen Maler D. Zanetti, A. Bellucci und

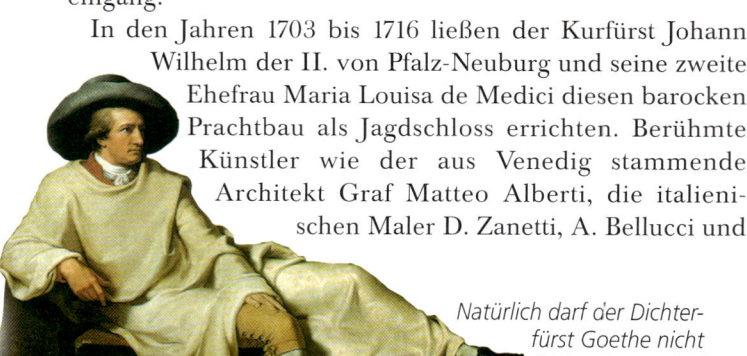

Natürlich darf der Dichterfürst Goethe nicht fehlen, hat er doch Bensberg einen Besuch abgestattet.

Die imposante Fassade des neuen Bensberger Schlosses

G. A. Pellegrini, wie auch ihre niederländischen Kollegen A. Schoonjans und J. Weenix, und auch der Bildhauer G. Grupello wurden zu dem Vorhaben hinzugezogen. Jedoch als Johann Wilhelm II. 1716 starb, war das Werk noch nicht ganz vollendet, und seine Nachfolger haben das Neue Schloss zu Bensberg fast nie genutzt.

In den Jahren 1792/93 diente es als kaiserlich-österreichisches Militärlazarett, wobei ein großer Teil des Inventars und der prachtvollen Innenausstattung zerstört wurde. Ein Teil der Kunstwerke, so beispielsweise 87 Gemälde, gelangten nach Süddeutschland.

In den Jahren 1812/13 diente das Neue Schloss den Armeen des französischen Kaisers Napoleon I. als Militärkrankenhaus.

Mit der Befreiung des Bergischen Landes kam es 1815 in preußischen Besitz und wurde in den 1820er Jahren als Augenlazarett genutzt, bevor es in den Jahren 1837/40 zur königlich-preußischen Kadettenanstalt umgebaut wurde. Auch diesmal gingen Teile der ursprünglichen Bausubstanz, so beispielsweise die Schlosskapelle, verloren.

Nachdem die Kadettenanstalt infolge der Revolution vom November 1918 aufgelöst worden war, besetzten zunächst Truppen der Siegermächte das Schloss.

Von 1924 bis 1933 diente es als Obdachlosenasyl; im südlichen Flügel war seit 1928 das Bensberger Heimatmuseum untergebracht.

Von 1934 bis 1944 diente es den Nationalsozialisten als Nationalpolitische Erziehungsanstalt.

Nach dem Zweiten Weltkrieg kam das »Neue Schloss« in den Besitz des neu gegründeten Bundeslandes Nordrhein-Westfalen, diente zunächst als belgische Militärkaserne und dann, ab 1965, als belgisches Gymnasium für die flämisch-sprechenden Kinder der belgischen Militärangehörigen, die im Großraum Köln stationiert waren.

Erst im Winter 1992 erfolgte eine Teilfreigabe von ca. 65 % der von den Belgiern genutzten Fläche an das Bundesland NRW.

Wie ein Fürst mag man sich vorkommen, wenn man das Innere des erst jüngst renovierten Schlosses betritt.

Fünf Jahre später, im Frühjahr 1997, verkaufte das Land NRW das Neue Schloss zu Bensberg an die Aachen-Münchener-Lebensversicherungs AG, die das Schloss zu einem exklusiven Hotel umbaute, das heute internationalen Ruf genießt. Auch wurde unter anderem auf dem Schlossgelände eine Seniorenresidenz gebaut.

Von der originalen Innenausstattung des Schlosses sind heute nur noch einige barocke Stukkaturen und Bilder, so beispielsweise das Deckengemälde »Der Sturz der Giganten« von D. Zanetti, erhalten.

Links vom Haupteingang des »Neuen Schlosses« steht das **Kriegerdenkmal des Kreises Mülheim am Rhein**, das 1881 von dem Bildhauer F. Reusch geschaffen wurde. Es erinnert an die Opfer der Kriege gegen Dänemark (1864), Österreich (1866) und Frankreich (1870/71).

Im Waldgebiet des Milchborntals (zwischen Bensberg und Sand) wurden in den Jahren 1793/94 die französischen und

1813/15 die österreichisch-kaiserlichen Toten des Lazaretts, das sich in diesen Jahren im Bensberger Neuen Schloss befand, in Massengräbern bestattet. Laut Schätzungen soll es sich um 2000 bis 6000 Leichen handeln. Für die Franzosen wurde 1862 und für die Österreicher 1854 ein Gedenkkreuz errichtet.

Gronau

Wer sich für die Geschichte und das Brauchtum des Bergischen Landes und insbesondere das der Stadt Bergisch Gladbach interessiert, der wird an der Privatsammlung **Museum Stahl** nicht vorbeikommen. Nach vorheriger telefonischer Anmeldung führt Herr Stahl amüsant und kenntnisreich durch die Sammlung, die er in Jahrzehnten zusammengetragen hat.

> **INFO**
> **Privatsammlung Museum Stahl**
> Schlodderdicher Weg 75
> 51469 Bergisch Gladbach
> Tel.: 0 22 02 / 5 58 22
> www.museum-stahl.de
> Besuch nach Voranmeldung

Herkenrath

Im Weiler Bärbroich-Oberkühlheim (Hausnummer 8) befindet sich das **Bauernhaus-Museum**. Seine Existenz ist der Privatinitiative der Familie Clemes zu verdanken. Neben einem historischen Ziehbrunnen, aus dem historische Scherben, Münzen und Gebrauchsgegenstände geborgen wurden, einer Hauskapelle und einem alten Backofen ist ein altes bergisches Bauernhaus aus dem 17. Jahrhundert zu besichtigen, das aus dem Rhein-Sieg-Kreis transloziert wurde. Hier finden auch regelmäßig Sonderausstellungen zu diversen historischen oder Brauchtumsthemen des Bergischen Landes statt. Im »Schmiedestübchen«

> **INFO**
> Das **Bauernhaus-Museum Bärbroich-Oberkühlheim** ist
> Sa. und So. von 10.00 bis 17.00 Uhr und nach Voranmeldung geöffnet.
> Auskunft: 0 22 07 / 63 50

des Museums besteht (nach Voranmeldung) für Gruppen bis zu 20 Personen die Möglichkeit, frisch gebackenen bergischen Stuten aus dem hauseigenen Backofen mit Butter, Apfelkraut, Bauernmilch und selbst geröstetem Kornkaffee zu genießen.

Herrenstrunden

Sagenumwoben ist die Geschichte von Herrenstrunden. Um eine Ortsbesichtigung durchzuführen, wird das Auto am besten auf dem Parkplatz an der katholischen Pfarr-

kirche **St. Johann Baptist** (am Ortsende in Richtung Kürten-Spitze) abgestellt. Das Gotteshaus, dessen Innenausstattung und Glasfenster besonders sehenswert sind, stammt in seinen Ursprüngen aus der Zeit um 1340. Es wurde als Kapelle des Johanniterordens unter dem Komtur Heinrich von Selbach (1328–1345) errichtet und im 16., 17., 18. sowie zu Anfang des 20. Jahrhunderts umgebaut und restauriert. Nach der Säkularisierung der **Johanniterkomturei** (auch **Malteserkomturei** genannt) zu Anfang des 19. Jahrhunderts gehörte die Kirche zunächst zum Pfarrsprengel Herkenrath. Herrenstrunden wurde erst 1918 selbständige Pfarrei.

Glasfenster in der Pfarrkirche St. Johann Baptist in Herrenstrunden

Malteserkomturei in Herrenstrunden

In der unter dem Langhaus befindlichen ca. 400 Jahre alten Krypta von St. Johann Baptist soll dem Volksglauben nach ein böser Geist, wenn nicht gar der Teufel selbst seinen Aufenthaltsort haben.

Gegenüber der Kirche liegt der mächtige Bau der ehemaligen Johanniter- oder Malteserkomturei. Eine erste Niederlassung des Johanniterordens brannte in Herrenstrunden in der Mitte des 14. Jahrhunderts ab. Das heute sichtbare Komturgebäude mit seinem barocken Säulenportal, dem Krüppelwalmdach und den Dachgauben wurde 1684 errichtet. 1945 fiel die Innenausstattung einem Brand zum Opfer, dessen Schäden durch Modernisierungen und Ausbaumaßnahmen beseitigt wurden.

Ein schönes Postkartenmotiv bildet die ehemalige **Johanniter- oder Maltesermühle**. Sie wurde 1329 erstmalig urkundlich erwähnt . Das Haus, das heute privat genutzt wird, liegt in der Sackgasse (Malteserweg), die vor der Malteserkomturei links von der Herrenstrundener Straße (Hauptdurchgangsstraße) abbiegt. Der eingeschossige Bruchsteinbau wurde in seiner jetzigen Form von dem Komtur Freiherr von Wachtendong im Jahr 1728 errichtet, dessen Wappen über dem Hauseingang noch erkennbar ist. Das Reetdach ist neueren Datums.

Kehrt man von der Johannitermühle wieder auf die Herrenstrundener Straße zurück und hält sich dort rechts in Richtung Bergisch Gladbach-Zentrum, so erreicht man nach wenigen Minuten die **Burg Zweiffel** mit ihrer markanten gelben Fassade. Burg Zweiffel, die heute in Privatbesitz ist, wurde etwa um 1660 erbaut.

Burg Zweiffel in Herrenstrunden

Der bereits erwähnte Heimatschriftsteller Johann Bendel schrieb über Herrenstrunden: »Auch alte Kultstätten können dienen als Beweis für die Besiedlung einer Gegend in früher Zeit … Solcher alten Kultstätten finden sich auch in der Herrenstrundener Gegend wahrscheinlich mehrere.«

Es gibt zahlreiche archäologische Beweise dafür, dass das Gebiet von Herrenstrunden schon in der Steinzeit besiedelt war. Wie es nun mit den Kultstätten aussieht, dies mag ein jeder für sich selbst entscheiden: Folgt man dem Fußweg, der an der katholischen Kirche seinen Anfang nimmt, ca. 100 Meter (an dem Staubecken vorbei), so gelangt man zur **Quelle des Strunderbachs**, die mit Steinen eingefasst ist. Die Einfassung trägt die Inschrift »Sprudelt Segen bringende Quellen. Die ihr speiset die fleißige Strunde.«

Es würde zu weit führen, an dieser Stelle die Sage von der Schlangenkönigin der Strundequelle oder die von der versunkenen Quelle des Asenborn zu erzählen. Stellt man diese Geschichten aber in einen mythologischen Zusammenhang mit der Sage von der »Quergskuhl«, der geologisch interessanten Zwergenhöhle von Herrenstrunden, die man bequem in einem viertelstündigen Spaziergang, der Wandermarkierung A4 von der Strundequelle aus folgend, erreicht, dann liegt die berechtigte Vermutung nahe, dass ein wahrer historischer Kern diesen Geschichten innewohnt.

Katterbach

Im alten Schulgebäude der Grundschule Katterbach (Kempener Straße 187) befindet sich die Außenstelle **»Sammlung Cüppers«** des Bergischen Museums für Bergbau, Handwerk und Gewerbe. Mit dieser Bezeichnung wird, wer nicht eingeweiht ist, zunächst wenig anfangen können. Wird

Ging es einst so in unseren Klassenzimmern zu? Das erfahren die Besucher im Schulmuseum.

aber dann die große gelbe Metallskulptur, die eine Schultüte symbolisiert, sichtbar und erkennt man auch noch die Aufschrift »Museum«, so wird jeder richtig vermuten, dass es sich hier um ein Schulmuseum handelt.

Denn aus der »Sammlung Cüppers« ist das **Schulmuseum Bergisch Gladbach** hervorgegangen. Damit hat es die folgende Bewandtnis: Der ehemalige Schulrat Carl Cüppers hat im

Laufe seiner Tätigkeit viele interessante Dinge gesammelt, die in früheren Zeiten zum Schulalltag gehörten. Eine Auswahl hiervon wird heute in Katterbach ausgestellt. Daneben wurde ein Klassenzimmer im Stil der Kaiserzeit eingerichtet. Auch finden hier Wechselausstellungen mit schulhistorischem Bezug statt.

INFO

**Schulmuseum
Bergisch Gladbach**
Öffnungszeiten:
Mo.– Fr.: 10.00–13.00
So.: 11.00–17.00
In den Schulferien von
NRW geschlossen.
Tel./Fax: 0 22 02 / 8 42 47

Moitzfeld

An der Ecke Moitzfeld/Friedrich-Ebert-Str. steht zur Erinnerung an den Bensberger Erzbergbau eine Seilscheibe des Förderturms der **Grube Weiß**. Diese, östlich von Moitzfeld zwischen Meisheide und Steinacker gelegen, war von 1825 bis 1930 eine der bedeutendsten Gruben des Bensberger Erzreviers. Hier wurden Bleiglanz und Zinkblende abgebaut.

Von 1931 bis 1957 diente das Gelände der Grube Weiß zur Erzaufbereitung.

Heute ist es ein so genanntes Fauna-Flora-Habitat (kurz: FFH)-Gebiet. Ziel ist, in der Grube Weiß die natürliche ökologische Vielfalt von wild wachsenden heimischen Pflanzen und lebenden Tieren durch die Erhaltung und Rekonstruktion der natürlichen Lebensräume zu erhalten oder wiederherzustellen. Auf dem Gelände der ehemaligen Grube Weiß, im Volksmund »Ravesack« genannt, wurde in den letzten Jahren ein Kultur- und Erlebnispfad mit den Schwerpunktthemen Naturschutz, Landschaftspflege und Bergbau eingerichtet.

An die Erzförderung in der Grube Weiß erinnert das Denkmal an der Ecke Moitzfeld/Friedrich-Ebert-Straße

Grube Weiß

Führungen (bis zu 25 Teilnehmer), die das **Thema Bergbau** zum Schwerpunkt haben, finden von April bis Oktober am 3. Sonntag eines jeden Monats um 10.30 Uhr statt.

Führungen (bis zu 25 Teilnehmer) zu den **Themen Landschaftspflege und Naturschutz** finden von April bis Oktober am 3. Samstag eines jeden Monats um 10.30 Uhr statt.

Führungen für Gruppen und Schulklassen sind auf Anfrage auch werktags möglich. Die Dauer aller Führungen beträgt jeweils ca. 1,5 Stunden.

Treffpunkt für alle Führungen ist der Pförtner des Technologie-Zentrums Bergisch Gladbach in Moitzfeld an der Friedrich-Ebert-Straße.

Für alle Gruppenführungen ist die **Voranmeldung** beim Förderverein des Bergischen Museums für Bergbau, Handwerk und Gewerbe, Burggraben 21, 61429 Bergisch Gladbach-Bensberg, Tel.: 0 22 04 / 5 55 59 notwendig.

Eine Beschilderung mit der Aufschrift »Ringwall« weist in Moitzfeld auf die so genannte **»Erdenburg«**, eine der berühmtesten frühgeschichtlichen Anlagen dieser Art im Mittelrheingebiet, hin. Das gut erhaltene Bodendenkmal stammt vermutlich aus dem 1. Jahrhundert vor Christus und umfasst eine Innenfläche von 230×165 Metern. Vom Parkplatz »Stegs Kier« (an der Wipperfürther Straße) ist die Erdenburg in ca. 15 Minuten zu Fuß zu erreichen. Dort aufgestellte Hinweistafeln berichten detailliert über ihre Geschichte.

Im Winter sind die Wallüberreste besonders gut zu erkennen. Die – inzwischen veraltete – Beschilderung erläutert die Struktur der Wallanlage und zeigt Rekonstruktionsversuche.

Paffrath

Ob Paffrath, wie einige Historiker vermuten, das historische Bechelaken des Nibelungenliedes ist, mag dahingestellt bleiben. Fest steht auf jeden Fall, dass Paffrath im Jahr 1160 erstmals urkundlich erwähnt wird. Stummer Zeuge dieser Epoche ist die katholische Kirche **St. Clemens** an der Paffrather Straße, die in ihren Ursprüngen bis in die Mitte des 12. Jahrhunderts zurückreicht und im roma-nischen Baustil errichtet wurde. Große Teile des heutigen Baukörpers (nördliches Seiten-schiff) stammen noch aus dieser Zeit. Ihr heu-tiges Gesicht erhielt St. Clemens durch den neuromanischen Erweiterungs-bau in den Jahren 1908/13.

Im Innenraum ist, neben drei Barockaltären in den Sei-tenschiffen, besonders die In-nenausmalung (Propheten und Heili-ge) durch Anton Wendling aus dem Jahr 1928 hervorzuheben.

Paffrather Vortrage-kreuz

»Haus Blegge«, das von St. Clemes kom-mend an der Paffrather Straße in Richtung Bergisch Gladbach liegt, ist nicht zu besich-tigen. Das großzügige Areal beherbergt heu-te die Schlossparkklinik-Suchthilfe und die Seniorenheime Haus Blegge der Mis-sionsschwestern vom Heiligsten Herzen Jesu.

In seinen Ursprüngen stammt »Haus Blegge« aus dem Mittelalter. Aus dem Jahr 1262 ist ein Sibido van den Blegge bekannt. Nach mehreren Besitz-wechseln ließ der Kalkproduzent Johann Jacob Bützler das heute noch existierende Wasserschlösschen im Stil des Barock nach Entwürfen des Architekten J. G. Leydel errich-ten. In den Jahren 1835/48 lebte der Heimatschriftsteller, Notar und Politiker Vincenz von Zuccalmaglio, genannt Montanus, auf »Haus Blegge«. Hier entstand eine Vielzahl seiner wichtigsten Schriften.

Die Taufkirche St. Johann Baptist in Refrath auf einer Zeichnung von 1907

Refrath

Die Keimzelle Refraths hat wahrscheinlich in unmittelbarer Nähe einer Holzkirche gelegen, die zur Zeit der karolingischen Christianisierung des Bergischen Raumes im 9. Jahrhundert errichtet wurde.

Erhaltenes Fresko des Apostels Petrus

Dieses Gotteshaus wurde im 10. oder 11. Jahrhundert durch einen Steinbau ersetzt. Nachdem dieser um 1200 herum abbrannte, wurde die noch heute bestehende romanische Refrather **»Taufkirche« St. Johann Baptist** an gleicher Stelle errichtet (Straße »Alt Refrath«). Im 13. Jahrhundert wurde ihr Chor erweitert. Der Sakristeianbau stammt aus den Jahren 1765/66. Besonders sehenswert sind im Kircheninnenraum die Wandmalereien mit Darstellungen Johannes des Täufers und der Apostel Petrus, Paulus, Johannes des Evangelisten, Thomas, Philippus, Jakobus des Älteren und Matthias. Sie stammen aus den Anfängen des 15. Jahrhunderts.

Ihren Namen hat die Taufkirche dadurch, dass eine nicht belegbare Sage erzählt, dass früher ein Bach durch das Kircheninnere geflossen sei und das Taufbecken gespeist habe.

An der Straße »Burgplatz« liegen die Reste der **Motte Kippekausen**, deren Ursprünge als mittelalterliche Wehranlage bis in das 10. Jahrhundert zurückreichen. Die Ausbauten aus Stein stammen wohl aus dem 12. oder 13. Jahrhundert. Erkennbar sind noch Reste des rechteckigen, ca. 12 × 18 Meter langen Hauptburghügels mit Turmrest und Brunnen. Die Hauptburg ist von einem Wassergraben umgeben.

INFO Die **Taufkirche St. Johann Baptist** ist normalerweise, mit Ausnahme der Gottesdienstzeiten, geschlossen. Der Schlüssel ist im Pfarramt der neuen katholischen Kirche unter der Rufnummer 0 22 04 / 6 44 08 zu erfragen.

Kippekausen ist wahrscheinlich eine Verballhornung der Bezeichnung »Haus des Kibicho«. Dass dieser Kibichio die Ursprungsgestalt der Refrather Sagen vom Kipphäuser, dem Gespenst von Kippekausen und dem Schwarzen Mann ist, liegt nahe.

Zwischen Refrath und Bensberg (von Refrath kommend über die Kölner Straße links ab) liegt die **Villenkolonie Frankenforst**, die in seiner ursprünglichen Bausubstanz überwiegend zwischen 1907 und 1914 errichtet wurde. In den Straßen »Kastanienallee«, »Waldgürtel« und »Parkstraße« stehen einige besonders schöne Bauten in parkähnlichen Grundstücken mit altem Baumbestand.

Romaney

Von Hebborn kommend, am Ortsausgang von Romaney an der Romaneyer Straße, biegt ein Weg nach links ab. Von dort erreicht man in einem Spaziergang von etwa einer knappen halben Stunde den **Aussichtspunkt Friedrichsruhe**. Dort wurde 1937 zu Ehren des Bergisch Gladbacher Industriellen und Förderers des Verschönerungsvereins Friedrich Wachendorff eine Ruhebank aufgestellt. Von dort hat man, insbesondere bei klarem Wetter, einen herrlichen Fernblick.

Eine sehenswerte Anlage ist das Schlosshotel Lerbach, das nicht nur exquisite Übernachtungsmöglichkeit ist, sondern wo auch durch die Kochkunst des 3-Sterne-Kochs Dieter Müller der Gaumen verwöhnt werden kann.

Sand

An der Ommerbornstraße (von Heidkamp kommend rechts) befindet sich der ehemalige **katholische Friedhof** der Gemeinde Sand. Neben Grabsteinen aus dem 17. und 18. Jahrhundert steht hier das 1910 errichtete **Denkmal für den »Heldenpastor«** Johann Peter Ommerborn (1762–1837), der hier seine letzte Ruhe fand. Der »Heldenpastor« war eine der führenden Persönlichkeiten des bewaffneten Widerstandes der bergischen Bevöl-

kerung gegen die gewaltsame französische Besetzung des Bergischen Landes zu Ende des 18. Jahrhunderts.

Zwischen Sand und Herkenrath, von Sand kommend rechts an der Herkenrather Straße, steht die 1690 errichtete

Rochuskapelle, die von dem Freiherren Philipp von Leers auf Haus Lerbach zur Erinnerung an die Pestseuche im Jahr 1680 erbaut wurde. Von hier hat man einen schönen Ausblick über die Rheinebene.

Schildgen

An der Altenberger-Dom-Straße im Stadtteil Schildgen, der erst 1975 zu Bergisch Gladbach eingemeindet wurde, steht die moderne katholische **Herz-Jesu-Kirche**, die weit über das Bergische Land hinaus bekannt ist. Dank ihrer vielen schlanken Spitztürme und der lang gezogenen Einfassungsmauer an der Straßenfront vermittelt sie auf den ersten Blick einen recht eigenwilligen und fremdländischen Eindruck. Daher resultieren auch ihre Spitznamen »St. Harem« und »St. Kreml«.

Herz-Jesu wurde in den Jahren 1957–1960 nach Entwürfen des Architekten Prof. Gottfried Böhm errichtet. Sein Ziel war es, mit baulichen Mitteln die himmlische Stadt Jerusalem und damit, als Sinnbild, das Gottesvolk zu symbolisieren.

Außendetail rechts vom Portal der Schildgener Kirche: Die Arche Noah

HOTELS

Hotels in Bergisch Gladbach

Zentrum
Hotel-Garni Sporthotel
(Landesturnschule)
Paffrather Str./Stadion
51465 Bergisch Gladbach
Tel.: 0 22 02 / 2 00 30
Fax: 0 22 02 / 20 03 85

Hotel-Garni Zur Post
Johann-Wilhelm-Lindlar-Str. 7
51465 Bergisch Gladbach.
Tel.: 0 22 02 / 9 36 56 - 0
Fax: 0 22 02 / 9 36 56 - 56

Bensberg
**Grand Hotel Schloss
Bensberg*****
Kadettenstr.
51429 Bergisch Gladbach
Tel.: 0 22 04 / 42 - 0
Fax: 0 22 04 / 42 - 8 88
www.schlossbensberg.com

Romantik Hotel Mangold **
Am Milchbornbach 39–43
51429 Bergisch Gladbach
Tel.: 0 22 04 / 95 55 - 0
Fax: 0 22 04 / 95 55 - 60
E-Mail: mangold@waldhotel.de
www.waldhotel.de

Hotel-Restaurant Goethehaus *
Markt 3
51429 Bergisch Gladbach
Tel.: 0 22 04 / 2 05 90
Fax: 0 22 04 / 20 59 45

Hand
**Hotel-Restaurant Diepeschrather
Mühle**
Diepeschrath 2
51469 Bergisch Gladbach
Tel.: 0 22 02 / 5 16 51
Fax: 0 22 02 / 5 07 48

Heidkamp
Hotel Bunte
Bensberger Str. 115
51469 Bergisch Gladbach
Tel.: 0 22 02 / 3 53 03
Fax: 0 22 02 / 4 19 15
E-Mail: info@hotelbunte.de
www.hotelbunte.de

Schlosshotel Lerbach ***
Lerbacher Weg
51465 Bergisch Gladbach
Tel.: 0 22 02 / 2 04 - 0
Fax.: 0 22 02 / 2 04 - 9 40
E-Mail: info@schlosshotel-lerbach.com
www.schlosshotel-lerbach.com

Herkenrath
Hotel Arnold
Straßen 31
51429 Bergisch Gladbach
Tel.: 0 22 04 / 80 54 oder 80 55
Fax: 0 22 04 / 8 34 06

Hotel-Restaurant Hamm
Straßen 14
51429 Bergisch Gladbach
Tel.: 0 22 04 / 80 41
Fax: 0 22 04 / 8 50 01
E-Mail: info@hotelhamm.de

HOTELS

Paffrath
Hotel Hansen-Restaurant
»Großer Kurfürst«
Paffrather Str. 309
51469 Bergisch Gladbach
Tel.: 0 22 02 / 9 57 70
Fax: 0 22 02 / 5 99 39
E-Mail: info@hotel-hansen.de
www.hotel-hansen.de

Refrath
Hotel-Garni Alt Refrath
Kicke 11
51427 Bergisch Gladbach
Tel.: 0 22 04 / 6 48 11
Fax: 0 22 04 / 2 40 51

Sand
Privathotel-Garni Bremer
Dombach-Sander-Str. 72
51465 Bergisch Gladbach
Tel.: 0 22 02 / 93 50 - 0
Fax: 0 22 02 / 93 50 - 50

Schildgen
Hotel-Gaststätte Cramer
Altenberger-Dom-Str. 278
51467 Bergisch Gladbach
Tel.: 0 22 02 / 8 40 11

Hotel-Café Pieper
Altenberger-Dom-Str. 100
51467 Bergisch Gladbach
Tel.: 0 22 02 / 8 13 58
Fax: 0 22 02 / 8 36 63
E-Mail: hotel-cafe-pieper@
t-online.de

Hotel-Restaurant Pohle
Altenberger-Dom-Str. 211
51467 Bergisch Gladbach
Tel.: 0 22 02 / 10 46 - 0
Fax: 0 22 02 / 10 46 - 25
E-Mail: webmaster@haus-pohle.de

Pensionen in Bergisch Gladbach

Gronau
Gästehaus Hilla Stahl
Schlodderdicher Weg 75
51469 Bergisch Gladbach
Tel.: 0 22 02 / 5 58 22
Fax: 0 22 02 / 24 72 47
E-Mail: gaestehaus-stahl.de

Herkenrath
Pension Am alten Frohnhof
Im Frohnhof 21
51429 Bergisch Gladbach
Tel.: 0 22 04 / 8 15 68
Fax: 0 22 02 / 93 22 75
E-Mail: am-alten-frohnhof@gmx.de

Privatvermieter in
Bergisch Gladbach

Bärbroich
Grote, Helga
Johann-Burum-Str. 24
51429 Bergisch Gladbach
Tel.+ Fax: 0 22 07 / 73 69

Bensberg
Averbeck, Astrid
Hans-Böckler-Str. 18
51429 Bergisch Gladbach
Tel. + Fax: 0 22 04 / 5 45 99
E-Mail: Astrid.Ludger.Averbeck@
t-online.de

HOTELS

Frankenforst
Frosch, Marie Luise
Froschpfad 5
51427 Bergisch Gladbach
Tel.: 0 22 04 / 6 46 41
Fax: 0 22 04 / 96 41 17

Moitzfeld
Stawski, Hildegard
Löher Höhenweg 25
51429 Bergisch Gladbach
Tel.: 0 22 04 / 7 31 89
Fax: 0 22 04 / 76 86 29
E-Mail: hstawski@t-online.de

Paffrath
Bachem, Margret
Steinknippen 7
51469 Bergisch Gladbach
Tel. + Fax: 0 22 02 / 5 56 58

Ferienwohnungen in Bergisch Gladbach

Hebborn
Dick, Rosemarie
An der Engelsfuhr 34
51467 Bergisch Gladbach
Tel. und Fax: 0 22 02 / 3 52 03

Herrenstrunden
Haase, Jürgen
Herkenrather Str. 233
51465 Bergisch Gladbach
Tel.: 0 22 02 / 3 33 18
Fax: 0 22 02 / 24 92 81

Lückerath
Meurer, Udo
Am Pützchen 10
51429 Bergisch Gladbach
Tel. + Fax: 0 22 02 / 3 43 74
E-Mail: UdoMeurer@web.de

Oberkühlheim
Dormagen, Johanna
Am Branderhof 29
51429 Bergisch Gladbach
Tel.: 0 22 07 / 61 56
Fax: 0 22 07 / 91 17 68
E-Mail: herbert.dormagen@t-online.de

Restaurants, Gaststätten und Cafés in Bergisch Gladbach

Innenstadt
Brauhaus »Am Bock«
Konrad-Adenauer-Platz 2
51465 Bergisch Gladbach
Tel.: 0 22 02 / 3 26 32

Bergischer Löwe
Konrad-Adenauer-Platz 2
51465 Bergisch Gladbach
Tel.: 0 22 02 / 3 89 02
www.bergischerloewe.de

Tag- und Nachtcafé »Centrale«
Buchmühlenstr. 2
51465 Bergisch Gladbach
Tel.: 0 22 02 / 3 69 43

Teestube Samowar
Hauptstraße 127
51465 Bergisch Gladbach
Tel.: 0 22 04 / 3 84 59

HOTELS

Bensberg
Bistro »Seitensprung am Schloß«
Schloßstr. 63
51429 Bergisch Gladbach
Tel.: 0 22 04 / 91 72 31

Päffgen Kölsch im Kauler Hof
Kaule 55
51429 Bergisch Gladbach
Tel.: 0 22 04 / 5 59 44

Café Engels
Schloßstr. 66
51429 Bergisch Gladbach
Tel.: 0 22 04 / 91 13 18

Gronau
Gronauer Wirtshaus
Hauptstraße 20
51465 Bergisch Gladbach
Tel.: 0 22 02 / 5 30 07

Herkenrath
Haus Herkenrath
Kierdorf 1
51429 Bergisch Gladbach
Tel.: 0 22 04 / 8 23 72

Herrenstrunden
Asselborner Mühle
Asselborner Mühle 11
51429 Bergisch Gladbach
Tel.: 0 22 07 / 14 14

Dröppelminna
Herrenstrunden 3
51465 Bergisch Gladbach
Tel.: 0 22 02 / 3 25 28

Moitzfeld
Schützenhof
Ehrenfeld 39
51429 Bergisch Gladbach
Tel.: 0 22 04 / 8 17 11

Paffrath
Alt Paffrath
Nußbaumer Str. 9
51467 Bergisch Gladbach
Tel. 0 22 02 / 24 01 61

Refrath
Kickehäuschen
Kicke 18
51427 Bergisch Gladbach
Tel.: 0 22 02 / 2 10 22

Romaney
Landgasthof »Fachwerk 33«
Romaney 33
51467 Bergisch Gladbach
Tel.: 0 22 02 / 97 99 07

Sand
Ommerborn Klause
Herkenrather Straße 3
51465 Bergisch Gladbach
Tel.: 0 22 02 / 3 21 62

Schildgen
Haus Rheindorf
Altenberger-Dom-Str. 130
51467 Bergisch Gladbach
Tel.: 0 22 02 / 8 45 17

Zur Post
Altenberger-Dom-Str. 115
51467 Bergisch Gladbach
Tel.: 0 22 02 / 8 59 50

Sport in Bergisch Gladbach

Behindertensport

Behinderten-Sportgemeinschaft Bergisch Gladbach
Hauptstr. 310
51465 Bergisch Gladbach
Tel.: 0 22 02 / 3 43 60

Eissport

Eissporthalle
Saalerstr. 100
51427 Bergisch Gladbach (Refrath),
Tel.: 0 22 04 / 6 47 48
www.eissporthalle-bergisch-gladbach.de
Im Winterhalbjahr geöffnet. Das Ausleihen von Schlittschuhen ist möglich.

Golf

Golf- und Land-Club Köln e.V.
Golfplatz 2
51429 Bergisch Gladbach
Tel.: 0 22 04 / 9 27 60
www.glc-koeln.de
Die 18-Loch-Anlage zählt zu den anspruchsvollsten Meisterschaftsanlagen Deutschlands.

Hockey

Hebborn
Tennis- und Hockey-Club rot weiß e.V. Bergisch Gladbach
Romaneyerstr. 21
51467 Bergisch Gladbach
Tel.: 0 22 02 / 3 58 65

Kegeln

Bensberg
Bensberger Sportkegler Gemeinschaft 1973
Restaurant »Haus Bockenberg«
Overather Str. 77
51429 Bergisch Gladbach
Auskunft unter Tel.: 0 22 66 / 58 02

Laufen

Refrath
Lauftreff Saaler Mühle
51429 Bergisch Gladbach
Treff: Im Sommer: Montags um 19.00 Uhr
Im Winter: Samstags um 15.00 Uhr
Auskunft unter Tel.: 0 22 04 / 5 11 80

Minigolf

Paffrath
Minigolfanlage am Kombibad
Borngasse
51467 Bergisch Gladbach

Gierath
Minigolfanlage Gierather Mühle
Gierather Mühlenweg
51469 Bergisch Gladbach

Reiten

Hebborn
Reiterverein Hebborner Hof
Hebborner Hof 1
51467 Bergisch Gladbach
Tel.: 0 22 02 / 7 80 00 oder 0 22 02 / 4 54 99
www.rv-hebbornerhof.de

Katterbach
Ländlicher Reit- und Fahrverein 1928
Kempener Str. 93
51469 Bergisch Gladbach
Tel.: 0 22 02 / 5 29 62

Rommerscheid
Rommerscheider Hof
Rommerscheider Str. 153b
51465 Bergisch Gladbach
Tel.: 0 22 02 / 3 72 72

Schwimmen

Zentrum
Hallenbad Stadtmitte
Hans-Zanders-Str.
51465 Bergisch Gladbach
Tel.: 0 22 02 / 3 66 50

Bensberg
Freibad Milchborntal
Milchborntalweg
51429 Bergisch Gladbach
Tel.: 0 22 04 / 5 39 55
(Geöffnet während der Sommersaison)

Paffrath
Kombibad Paffrath
Borngasse
51467 Bergisch Gladbach
Tel.: 0 22 02 / 5 33 44

Refrath
Mediterana Freizeit- und Wellnessbad
Saaler Mühle
51429 Bergisch Gladbach
Tel.: 0 22 04 / 20 20

Fax: 0 22 04 / 20 22 22
www.mediterana.de

Tennis und Badminton

Bensberg
Tennis-Club Grün-Gold e.V.
Welscher Busch 11
51429 Bergisch Gladbach
Tel.: 0 22 04 / 5 35 77

Gronau
Tennishallen-Gemeinschaft-Gronau
Ferdinandstr. 33
51469 Bergisch Gladbach
Tel.: 0 22 02 / 95 93 31

Hand
Tennishalle SV Blau-Weiß Hand e.V.
Franz-Heider-Str. 25
51469 Bergisch Gladbach
Tel.: 0 22 02 / 5 16 17

Hebborn
Tennishalle Hebborn
Romaneyerstr. 21
51467 Bergisch Gladbach
Tel. und Fax: 0 22 02 / 4 51 82

Moitzfeld
Tennishalle Moitzfeld T. H. M. GmbH & Co. KG
Platzer Höhenweg 60
51429 Bergisch Gladbach
Tel.: 0 22 04 / 8 21 41

Schildgen
Tennis- und Badmintonhalle Nittum
Hoppersheider Busch 34
51467 Bergisch Gladbach
Tel.: 0 22 02 / 8 58 85

Rundwanderung von Bergisch Gladbach aus

Ausgangspunkt dieser Wanderung, die durch das Tal des Strunderbaches führt, ist der ☞ Parkplatz an der katholischen Kirche St. Johann Baptist im Stadtteil Herrenstrunden (gegenüber der ehemaligen Malteserkomturei).

Von dort geht man zunächst etwa 200 Meter die Hauptstraße entlang in Richtung Bergisch Gladbach, dann in eine Seitenstraße, den ☞ Trotzenburgweg. Dem Wanderzeichen, einem weißen, auf der Spitze stehenden Quadrat, folgend führt der Weg bergauf und weiter in den Wald. Vorbei an einer Wanderhütte geht es zu einem einsam gelegenen Gehöft namens ☞ Trotzenburg. Dort, zwischen Trotzenburg und der Straße, die von Herrenstrunden nach Kürten führt, liegt ein Flurstück, das die Bezeichnung ☞ »Im weichen Hahn« führt. Dem Weg weiter folgend erreicht man die Straße, die von Spitze nach Herkenrath führt. Dort halte man sich rechts und folge zunächst dem Straßenverlauf, der gleichzeitig auch der Weg dieser Wanderstrecke ist und nun durch einen weißen Winkel (Wanderweg Nr. 4) gekennzeichnet ist. Kurz hinter dem Waldrand, nachdem man zunächst einen Telgrafenmast passiert hat, biegt man rechts in einen Feldweg ein, der in Richtung auf die um das Jahr 1150 erbaute katholische Pfarrkirche ☞ St. Antonius Abbas in Herkenrath führt. Vorbei an Wiesen und Feldern wird der Weg schließlich abschüssig und stößt auf einen nach rechts führenden Trampelpfad, der nach wenigen hundert Metern die ☞ Asselborner Mühle, ein beliebtes Ausflugslokal, erreicht. Die ehemalige Getreidemühle wurde im 19. Jahrhundert erbaut, wurde aber schon in den 1930er Jahren zu

Gut essen in angenehmem Ambiente: Asselborner Mühle

einem Gasthaus umgebaut. Von dort folgt man der Straße und damit immer noch dem weißen Markierungswinkel (Nr. 4) in Richtung Herkenrath. In ☛ Oberasselborn biegt der Weg rechts in eine Anliegerstraße ab. Dem Weg Nr. 4 weiter folgend, vorbei am Breitenweg, erreicht man die Straße Im Wiedenhof. Dort halte man sich rechts und folge dem abschüssigen Weg bis Oberhombach. Immer weiter dem weißen Makierungswinkel folgend führt eine Sackgasse (Bezeichnung gilt nur für Fahrzeuge, aber nicht für Fußgänger) zu dem Weiler ☛ Niederhombach. Hinter dem letzten Haus, in einer Kurve, wird der asphaltierte Weg verlassen. Nun folge man dem Wanderzeichen X, bis der Weg sich gabelt.

Empfohlen sei, sich geradeaus zu halten, den Dombach zu überqueren und dann der Straße zu folgen, die wieder auf die Hauptverkehrsader des Strundetals führt. Sich dort nach links wendend erreicht man nach einigen Schritten einen Fußpfad, der dem Strunderbach abwärts folgt zur ☛ Igeler Mühle und weiter zur ☛ Eulenburg führt. Früher befand sich hier ein Gasthaus, das aber heute nur noch privat genutzt wird. Etwa 100 Meter hinter der Eulenburg muss man das Bachtal verlassen und rechts der Straße den Berg hinauf folgen. Wo die Straße eine Kurve macht, biegt ein Waldweg ab. Diesem folgt man bis Rommerscheid. Vorbei an der modernen ☛ Rommerscheider Kirche St. Engelbert und den letzten Gebäuden des Ortes, stößt man auf den Weg A2, der nach rechts abbiegt. Dem A2 folgend erreicht man nach einem Abstieg durch den Wald wieder ☛ Herrenstrunden. Vorbei am ehemaligen Strandbad und der Maltesermühle erreicht man wieder den Ausgangspunkt dieser Wanderung. Empfohlen sei, von hier aus noch einen kurzen Abstecher zur ☛ Strundequelle und zur ☛ Zwergenhöhle (in Richtung Spitze, von der Durchgangsstraße ab nach ca. 300 Metern im Wald gelegen) zu machen.

INFO Gesamtstrecke: ca. 12 km.
Wanderzeit ca. 3 Stunden)

Das nördliche Kreisgebiet

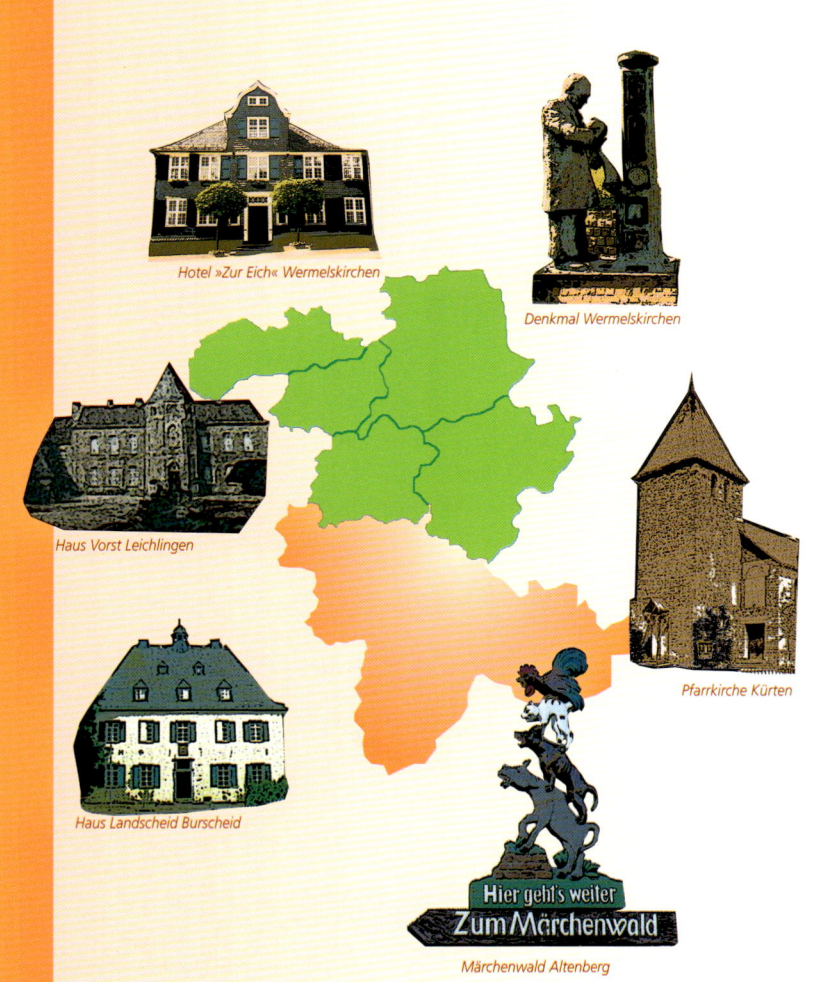

Hotel »Zur Eich« Wermelskirchen

Denkmal Wermelskirchen

Haus Vorst Leichlingen

Haus Landscheid Burscheid

Pfarrkirche Kürten

Hier geht's weiter
Zum Märchenwald

Märchenwald Altenberg

Burscheid

Allgemeines

Burscheid, auf einem Randhöhenzug des Bergischen Landes gelegen, befindet sich im nördlichen Sektor des Rheinisch-Bergischen Kreises. Obwohl die Stadt, gerade in den vergangenen 30 Jahren, stark gewachsen ist, hat sie sich – insbesondere in den ländlichen Randgebieten – ihren ursprünglichen Charme bewahrt.

Geschichte

Vermutlich liegt Burscheids Ursprung im 9. Jahrhundert n. Chr. Es wird angenommen, dass hier in karolingischer Zeit ein Herrenhof mit Kirchsiedlung entstand. Ein Gotteshaus aus dem 11. Jahrhundert ist durch archäologische Funde erwähnt. »Bursceiht« ist im Jahr 1175 erstmals urkundlich belegt. Burscheid, das seit dem 14. Jahrhundert zum Bergischen Amt Miserlohe gehörte, gewann schon zu Beginn des 19. Jahrhunderts als industrieller Standort regionale Bedeutung. Zu den Eisenhämmern und Pulvermühlen, die in den Bachtälern bereits im 16. und 17. Jahrhundert errichtet worden waren, kamen nun Textil-, Schaft- und Schuhfabriken, Weber- und Färbereien hinzu. Nach 1887 wurde, durch die Erfindung von Metalldichtungsringen durch den Burscheider Friedrich Goetze (1856–1924), dieser Produktionszweig zu einem der bedeutendsten Wirtschaftsfaktoren der Stadt.

1816 kam Burscheid im Rahmen des Anschlusses der Rheinlande an das Königreich Preußen zum Landkreis Opladen. Aber bereits 1819 wurde es dem Landkreis Solingen zugeschlagen. Von 1929 bis 1974 dem Rhein-Wupper-Kreis zugehörig, wurde Burscheid, das 1856 die Stadtrechte erhalten hatte, im Jahr 1975 dem Rheinisch-Bergischen Kreis zugeordnet.

INFO

Burscheid
Einwohner: 18 099
Fläche: 27,39 km²
Verwaltung:
Stadt Burscheid
Höhe 7–9
51399 Burscheid
Tel.: 0 21 74 / 67 00
www.burscheid.de

Die evangelische Kirche in Burscheid. Sie prägt ganz wesentlich das Stadtbild.

Sehenswürdigkeiten

Innenstadt

Geprägt ist die Burscheider Innenstadt durch die **evangelische Kirche** aus dem 18. Jahrhundert, die sich in der Hauptstr. 46 befindet. Ihr Turm stammt aus dem 19. Jahrhundert. Schon seit dem 11. Jahrhundert befand sich an dieser Stelle eine katholische Kirche, die in den folgenden Jahrhunderten mehrfach aus- und umgebaut wurde. Urkundlich belegt ist eine Kirche in Burscheid erstmals im Jahr 1287.

1570 wurde sie von der evangelischen Gemeinde übernommen. Das heutige Gebäude wurde 1767, der Turm 1871 errichtet. Im Innenraum sind besonders die Empore und – in typisch bergischer Übereinanderanordnung – Altar, Kanzel und Orgel sehenswert, die im Stil des Rokoko ausgeführt sind. In der näheren Umgebung der Kirche finden sich mehrere typisch bergische Fachwerk- und Schieferhäuser aus dem 18. und 19. Jahrhundert.

INFO

Informationen über Veranstaltungen im **Haus der Kunst** in Burscheid erhalten Sie unter der Rufnummer 02174/5959, Infos über das Kulturleben im **Burscheider Rathaus** unter 02174/670-0 und Infos über Veranstaltungen in der **Hans-Hoersch-Halle** unter 02174/670-341.

In der Höhestr. 5 befindet sich das **Haus der Kunst**, eine Stiftung des füheren Kultusministers des Landes Nordrhein Westfalen und Bürgers der Stadt Burscheid Prof. Paul Luchtenberg. Das Haus dient als Galerie für Gemälde- und Kunstausstellungen, für festliche Veranstaltungen und als Konzertsaal für die beliebten Veranstaltungen der verschiedenen Burscheider Musikvereine.

Nur wenige Schritte vom Haus der Kunst, in der Höhestr. 7–9, steht das **Burscheider Rathaus**. Mit seinen ständig wechselnden Ausstellungen Burscheider, aber auch anderer Künstler ist es eine wichtige Stütze des regionalen Kulturlebens.

Ebenfalls in der Höhestraße (Hausnr. 50) befindet sich die **Hans-Hoersch-Halle** mit über 400 Sitzplätzen. Als multifunktioneller Raum wird sie für die unterschiedlichsten kulturellen Veranstaltungen wie Theateraufführungen bekannter Bühnen, Konzerte und für die beliebte Kinder-Kultur-Reihe genutzt.

Dierath

Eine Vielzahl malerischer und ausgezeichnet erhaltener **Fachwerkhäuser** aus dem 19. Jahr-

Das neue Rathaus in Burscheid

hundert prägen noch heute das Gesicht des Weilers, der auch Silbermedaillenträger des Landeswettbewerbes »Unser Dorf« ist.

Eifgental

Fährt man auf der Bundesstraße 51 (Dünweg) von Leverkusen-Schlebusch in Richtung Burscheid, so biegt gleich hinter dem Ortsschild »Burscheid« (in Kamp) rechts ein Feldweg ab. Diesem 750 Meter folgend, dann nach links abbiegend und bald darauf wieder nach rechts sich wendend, erreicht man nach weiteren ca. 250 Metern den Ringwall der 50 × 140 Meter

Grundriss der Eifgenburg

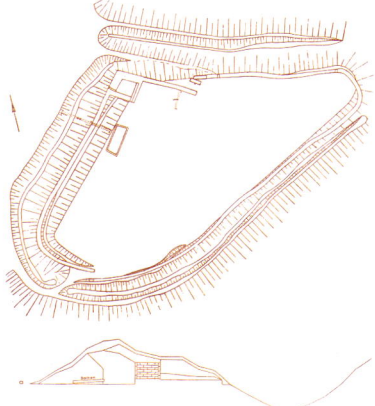

großen, frühmittelalterlichen **Eifgenburg**. Die Wälle der Burg, die von ihrem Grundriss her einem stumpfen Dreieck ähnelt, sind noch gut erkennbar. Vermutlich wurde die Anlage im Zusammenhang mit einer Querverbindung zwischen den alten Handelswegen der heutigen B 51 und der Straße Odenthal-Dabringhausen-Hückeswagen errichtet.

INFO

Infos zur **Lamberts-mühle** erhalten Sie unter www.lamberts muehle-burscheid.de. Führungen zu den Themen Baudenkmal Lambertsmühle, Mühl-rad und Mahlwerk, Steinbackofen, ökolo-gisch angelegter Bau-erngarten u.a. sind un-ter den Rufnummern 0 21 74 / 81 47 und 0 21 74 / 53 68 zu er-fragen.

Die Lambertsmühle

Hilgen

Die Geschichte der **Lambertsmühle** im Wiembachtal, eine der schönsten erhalte-nen Mühlen Burscheids, reicht bis in das 13. Jahrhundert zurück. Das Mühlenan-wesen, dessen heutige Gestalt aus dem Jahr 1766 stammt, wurde 1983 unter Denkmal-schutz gestellt. Gemäß des Vermächtnisses der letzten Besitzer soll hier ein **Heimat-museum** entstehen. Trotz der zum Teil noch andauernden Restaurationsarbeiten wird das Anwesen bereits heute zu heimat-kundlichen und Kunstausstellungen, Vor-trägen und Konzerten sowie Volkshoch-schulkursen genutzt.

Seit über drei Jahrzehnten gibt es schon den Bauernhof **Thomashof** im Hammerweg 69, der durch seine hauseigene Käserei weit über den Rheinisch-Bergischen Kreis hinaus bekannt ist. In dem angeschlossenen Bauernladen und im Café kann man unter anderem vom »Thomashof« selbst produzierte Käse-, Quark-, Joghurt und Milchspezialitäten kaufen und genießen. Daneben bietet der bäuerliche Betrieb die Organisation und/oder Durchführung von Hochzeiten, Seminaren, Bergischer Kaffeetafel, Frühstücksbuffet (nur an Sonn- und Feiertagen) sowie Käserei- und Hofführungen an. Für Kinder gibt es auch einen Streichelzoo.

> **INFO**
>
> Nähere Auskünfte über den **Thomashof** sind erhältlich unter der Rufnummer 0 21 74 / 6 12 68 und der E-Mail-Adresse info@derthomashof.de Homepage: www.derthomashof.de

Landscheid

Biegt man im Weiler Lungstraße (von Leverkusen-Schlebusch kommend) links von der Bundesstraße 51 ab und folgt dem schmalen, asphaltierten Weg hinab ins Tal, so glaubt man nach ca. 500 Metern vor einem verwunschenen Dornröschenschloss zu stehen. Das ist **Haus Landscheid**. Die Geschichte dieses bedeutenden bergischen Rittersitzes, mit dem so klangvolle Namen wie de Langenscheit, von Nesselrode, von Hall zu Strauweiler, von Hall zu Ophoven und von Hall zu Landscheid verbunden sind, reicht bis in das Mittelalter zurück. Das heute noch erhaltene Burghaus wurde in den Jahren 1718–25 errichtet. In den folgenden Jahrhunderten hatte Haus Landscheid eine wechselvolle Geschichte, die immer wieder auch mit dem Wechsel des Eigentümers einherging. Zuletzt war hier, seit 1989, ein Tagungshotel mit Restaurant untergebracht. Nach der Schließung vor einigen Jahren wartet »Haus Landscheid« auf eine Wiedererweckung.

Ein Geheimtipp in der Umgebung von Burscheid: Haus Landscheid

HOTELS

Hotels in Burscheid

Innenstadtnähe
Hotel Schützenburg
Hauptstr. 116
51399 Burscheid
Tel.: 02174/78740
Fax: 02174/63847
www.hotel-schueztenburg.de

Hilgen
Hotel Heyder
Kölner Str. 94
51399 Burscheid
Tel.: 02174/731360
Fax: 02174/61814
www.hotel-heyder.de

Hotel Zur Heide
Heide 21
51399 Burscheid
Tel.: 02174/78680
Fax: 02174/706868
www.steffens-hotel-zur-heide.de

Kuckenberg
Haus Kuckenberg
Kuckenberg 28
51399 Burscheid
Tel.: 02174/5025
Fax: 02174/61839
www.haus-kuckenberg.de

Gasthöfe und Pensionen in Burscheid

Bergischer Hof
Dünnweg 19
51399 Burscheid
Tel.: 02174/785700
Fax: 02174/785701

Ferienwohnungen in Burscheid

In der Innenstadt
Dörr, Roswitha
Montanusstr. 10
51399 Burscheid
Tel.: 02174/1742

Rackwitz, Bernhard
Hauptstr. 28
51399 Burscheid
Tel.: 02174/8436

Rudolf, Albin
Meisenweg 19
51399 Burscheid
Tel.: 02174/2388

In Blasberg
Eheleute Kollars
Blasberg 11
51399 Burscheid
Tel.: 02174/63679

In Großösinghausen
Treskow, Reiner
Großösinghausen 7a
51399 Burscheid
Tel.: 02174/78 6013

Restaurants, Gaststätten und Cafés in Burscheid

In der Innenstadt
Bahnhofsgaststätte
Montanusstr. 15
51399 Burscheid
Tel.: 02174/61098

Burscheider Hof
Griesbergstr. 52

GASTRONOMIE

51339 Burscheid
Tel.: 02174/63036

Deutsches Haus
Hauptstr. 37
51399 Burscheid
Tel.: 02174/786028

Café-Bistro Zur Marionette
Hauptstr. 56
51399 Burscheid
Tel.: 02174/64702

Café-Konditorei Arnz
Hauptstr. 4

51399 Burscheid
Tel.: 02174/2661

Hilgen
Zur Heide Steffens
Heide 21
51399 Burscheid
Tel.: 02174/5640 und 7868-0

Nagelsbaum
Zum Nagelsbaum
Nagelsbaum 2
51399 Burscheid
Tel.: 02174/8219

SPORT

Sport in Burscheid

Badminton

Burscheider Badminton Club e.V.
Auskunft: Mücke, Otto
Bürgermeister-Schmidt-Str. 10
51399 Burscheid
Tel.: 02174/5709

Behindertensport

Behindertensport
BS Burscheid 1963 e.V.
Liesendahler Feld 10
51399 Burscheid
Tel.: 02174/63484
www.bsnw.de

Reiten
Ländlicher Reit- und Fahrverein
Burscheid-Paffenlöh 1926 e.V.
Auskunft: Gruska, Klaus
Tulpenweg 22

42799 Leichlingen
Tel.: 0160/96424736

Schwimmen

Burscheider Bad
(mit Natursole-Aktivbecken,
ganzjährig geöffnet)
Im Hagen
51399 Burscheid
Tel.: 02174/7878-40

Tennis

Tennisclub Grün-Weiß Burscheid e.V.
Auskunft: Patzelt, Dr. Kurt
Bismarckstr. 30
51399 Burscheid
Tel.: 02174/894555

Tennishalle Hilgen
Erlenweg 4
51399 Burscheid
Tel.: 02174/5314

Rundwanderung von Burscheid aus

Es ist noch gar nicht so lange her, dass der Burscheider Stadtteil Hilgen einen ☛ Bahnhof mit lebhaftem Verkehr besaß, denn er lag an der Strecke von Leverkusen-Opladen nach Remscheid-Lennep, und auf dieser verkehrte der »Balkan-Express«, wie ihn die Einheimischen liebevoll nannten.

Der heute zumeist still und verwaist daliegende Bahnhof, an dem sich auch gute Parkmöglichkeiten befinden, ist der Ausgangspunkt einer schönen Halbtageswanderung, die an drei historischen Wassermühlen vorbeiführt.

Zunächst folge man dem ehemaligen Bahndamm in nordöstlicher Richtung, bis man auf die Straße stößt, die nach Dabringhausen führt. Dort ist auch der Wanderwinkel mit der < 8 zu finden, der nun zum Wegweiser für die nächste Teilstrecke des Weges wird. Scharf nach rechts abbiegend geht es auf den Weg nach Bechhausen. Dort geht es, auf dem gekennzeichneten Weg, zunächst nach links. Die Straße nach Dabringhausen wird dann überschritten, und ein enger Fußpfad führt in den Wald. Nach kurzer Zeit erreicht man ein eng eingeschnittenes Bachtal, im Bergischen Land »Siefen« genannt. Anschließend steigt der Weg ein wenig an. Vor dem in Sichtweite liegenden nächsten Gehöft biegt ein geteerter Weg nach rechts ab, der ins Eifgenbachtal und zur sagenumwobenen ☛ Rausmühle führt, einer ehemaligen Getreidemühle, deren Ursprünge aus dem 15. Jahrhundert stammen und die heute ein beliebtes Ausflugslokal beherbergt. Weiter dem Wegzeichen Nr. < 8 folgend halte man sich nach links und überquere, kurz hinter der Rausmühle, auf einer kleinen Brücke den Eifgenbach. Nun geht es etwa 600 Meter bergauf in Richtung nach Dabringhausen. Vorbei am dortigen Waldfriedhof wird die Landstraße, die aus dem rechtsrheinischen Köln über Odenthal und Dabringenhausen ins oberbergische Hückeswagen führt, erreicht. Die Straße überquerend erreicht man den innerdörflichen Bereich von ☛ Dabringhausen. Weiter dem < 8 folgend, wird die »Mühlenstraße« erreicht, die bergab bis zur an der Einmündung der Odder in den Linnefebach liegenden ☛ Könenmühle führt, deren Ursprünge im 14. Jahrhundert liegen. Dem

Straßenverlauf weiter folgend und die Mühle linker Hand liegen lassend wechselt man ca. 50 Meter weiter die Straßenseite an der Stelle, wo ein Weg zu einem Parkplatz abbiegt. Noch immer auf dem Wanderweg mit der Bezeichnung < 8 kommt man an einer Kläranlage vorbei und stößt bald auf das Wanderzeichen X, das den ☛ **Hauptwanderweg Nr. 29** symbolisiert. Den < 8 an dieser Stelle verlassend, ist für den Rest der Strecke das X der richtige Wegweiser.

Nun führt die Wanderung zunächst über einen Waldweg bergauf, dann in einen Wiesenweg, auf dem man zu einem ☛ **Bauernhof** gelangt. Wenig später trifft man auf die Landstraße. Diese wird überquert. Nach etwa 100 Metern, dem X folgend, biegt man links ab. Es geht einen Berg hinunter, bis man auf einen Querweg stößt. Auf diesem sich rechts haltend sollte man sich nicht dadurch verwirren lassen, dass nun auch eine Raute kurzzeitig als Markierung des Weges erscheint. Auf dem Weg, der nun beschritten wird, werden zunächst die Fischweiher und dann die ☛ **Markusmühle**, die wie die Rausmühle im Eifgental liegt, erreicht.

An der Markusmühle wird die von Dabringhausen nach Hilgen führende Landstraße überquert. Der Rautenmarkierung, und damit dem Eifgenbach etwa 300 Meter aufwärts folgend wird ein Punkt erreicht, an dem sich die Wege mit der X-Bezeichnung und mit der Raute wieder trennen. Man folge dem X bergan, bis ☛ **Eschhausen** erreicht ist. Ein letztes Mal führt der Weg durch ein kleines Waldstück. Bald darauf trifft man auf die ersten Gebäude von Hilgen und die Bundesstraße Nr. 51, die von Leverkusen-Schlebusch nach Wermelskirchen führt. Auf bequemem Fußweg parallel zur Landstraße läuft man von dort wieder zum ☛ **Hilgener Bahnhof.**

Könenmühle

Sie hat im Laufe ihres Bestehens schon mehrfach den Namen gewechselt hat. In alten Urkunden taucht sie als »Ottemühle«, dann ab 1808 als Könenmühle auf. Heute prangt auf großen Hinweistafeln die Bezeichnung »Pfannkuchenhaus Coenenmühle«, was auf ihre derzeitige gastronomische Nutzung hinweist.

Markusmühle

Das über Jahrzehnte bekannte Ausflugslokal Markusmühle brannte im Winter 1985 ab und wurde nicht mehr aufgebaut. Erhalten geblieben sind aber andere Bauten des Mühlenensembles, dessen Geschichte bis in die erste Hälfte des 16. Jahrhunderts zurückreicht.

INFO
Gesamtstrecke: ca. 13 km
Wanderzeit ca. 3,5 Stunden

Kürten

Allgemeines

Die Gemeinde Kürten, im östlichen Gebiet des Rheinisch-Bergischen Kreises gelegen, ist auch heute noch stark ländlich geprägt. In einer reizvollen Hügellandschaft, versehen mit vielen Sport- und Freizeitmöglichkeiten, mit einen Wanderwegenetz von über 200 km und guter Verkehrsanbindung zu den umliegenden Großstädten bietet Kürten viele Möglichkeiten für einen erholsamen Urlaub.

Geschichte

Die Anwesenheit von Menschen in ur- und frühgeschichtlicher Zeit belegen einige archäologische Funde im Gemeindegebiet. Dieses wird auch von der alten Handelsstraße, dem »Heer- oder Hellweg«, der von Köln über Wipperfürth nach Westfalen führte (heute vielerorts Straßenführung der Bundesstraße 506), durchkreuzt.

Wahrscheinlich im 9. oder 10. Jahrhundert n. Chr. wurde in Kürten ein Fronhof errichtet. Erste urkundliche Erwähnung findet Kürten um das Jahr 1300. Schon früher wurden die zum heutigen Gemeindegebiet gehörenden Ortschaften Bechen (1175) und Olpe (1171) erwähnt. Für das 16. Jahrhundert ist in Kürten ein Landgericht belegt. Vom 14. bis in das 19. Jahrhundert hinein gehörte Kürten zum Amt Steinbach. 1814 kam es zum Kreis Wipperfürth und 1932 zum Rheinisch-Bergischen Kreis. Bereits 1929 waren die Ämter Kürten (bis 1929 »Cürten«) und Olpe zum Amt Kürten zusammengeschlossen worden.

Im Rahmen der kommunalen Neugliederung des Kölner Raums zum 1. Januar 1975 musste Kürten den Ortsteil Wipperfeld an

INFOS

Kürten
Einwohner: 20 060
Fläche: 67,5 km²
Verwaltung:
Gemeinde Kürten
Marktfeld 1
51515 Kürten
Tel.: 0 22 68 / 93 9-0
www.kuerten.de

die Stadt Wipperfürth abtreten. Im Gegenzug wurde das Amt Kürten mit Bechen, Olpe und dem bis dahin zur Stadt Bensberg gehörenden Dürscheid zur Gemeinde Kürten fusioniert.

Sehenswürdigkeiten

Zentrum der Gemeinde Kürten

Dort, wo heute am Kirchplatz die katholische **Pfarrkirche St. Johann Baptist** steht, wurde wahrscheinlich schon im 9. oder 10. Jahrhundert ein Gotteshaus erbaut. In der zweiten Hälfte des 12. Jahrhunderts trat eine dreischiffige romanische Basilika an dessen Stelle. Der erhaltene Unterteil des romanischen Westturms stammt aus dieser Epoche. Die Basilika wurde 1843 abgerissen. An ihren Platz trat 1844 ein klassizistischer Neubau, der während des Zweiten Weltkrieges beschädigt und 1950 wieder aufgebaut wurde. 1951/52 entstand die Sakristei. 1967 fanden Erweiterungsmaßnahmen im Chorbereich statt. Dabei wurde der alte Polygonchor abgebrochen.

Im Innenraum von St. Johann Baptist befindet sich im Erdgeschoss des Turmes ein Taufstein aus dem 12. Jahrhundert mit Pflanzen- und Tierreliefs sowie vier hervorkragenden Köpfen.

An der Kirchensüdseite liegt der **Alte Friedhof**. Dort befinden sich noch Grabsteine aus dem 17., 18. und dem frühen 19. Jahrhundert.

Der romanische Westturm der Pfarrkirche St. Johann Baptist in einer historischen Aufnahme

Das **»Esels-dorf« Bechen** geht auf eine Sage zurück: Einst brachten die Bechener Händler ihre Erzeugnisse mit den Eseln auf den Kölner Markt, kamen aber oft zu spät an, da die Esel störrisch waren. Daher kursierte dort der Spruch: »Loss mer jet waade mem koofe, de Bechener Esele sin no nit do«. (Warten wir noch mit dem Einkaufen, die Bechener Esel sind noch nicht da.). In der Folge wurden die Bechener auch »Esel« genannt. Das **Eselsdenkmal** gegenüber der Bechener Pfarrkirche ehrt dieses liebenswürdige Tier.

Biesenbach

In dem nördlich von Forsten gelegenen Weiler steht rechts unterhalb der Straße der Fachwerkbau der **Andreaskapelle** aus dem Jahr 1678. Über dem Eingang ist der Spruch: »Wenn Du hier vorbeigehst, verehre die Mutter Christi, und durch Deinen Geborenen bringe, fromme Mutter, Hilfe auch den Stiftern, Eheleute Joh. Georg Schmitz und Maria« in lateinischer Sprache eingelassen. Die Andreasfigur aus dem 18. Jahrhundert, die ehemals hier stand, hat heute ihren Platz in der katholischen Pfarrkirche zu Kürten-Olpe.

Biesfeld

Die **katholische Pfarrkirche** an der Wipperfürther Straße ist der Schmerzensreichen Muttergottes geweiht und wurde 1909 errichtet. Sie trat die Stelle einer Kapelle, die 1693 erstmals urkundlich erwähnt wird. Dort wurde ein Gnadenbild der Mutter Gottes verehrt, das in der Reformationszeit von Dabringhausen in die Kirche gebracht wurde. Biesfeld ist heute immer noch Wallfahrtsort. Das Votivbild befindet sich in dem barocken Gnadenaltar aus der 1. Hälfte des 18. Jahrhunderts im Westanbau des Gotteshauses.

Historische Ansicht der alten Kapelle in Biesfeld. Rechts das Muttergottes-Gnadenbild

Delling

1834 wurde durch den Architekten Clouth aus Mülheim/
Rhein (heute Köln-Mülheim) der **klassizistische Saalbau** der
damaligen evangelischen Diaspora-Gemeinde errichtet. Wegen ihres hohen Treppenaufgangs trägt sie im Volksmund
den Spitznamen »Walhalla«. Be-
achtenswert sind in Delling auch
einige **typisch bergische Schie-
fer- und Fachwerkhäuser**.

Engeldorf

Nach einem schweren Verkehrs-
unfall im Jahr 1985 begann Johann Fischer damit, Engelsdar-
stellungen zu sammeln. Im Laufe
der Jahre wuchs seine Sammlung
stetig; inzwischen geht sie in die

*Himmlische Eindrücke aus dem Engel-
Museum in Engeldorf*

Tausende. Im **Engel-Museum** sind sie nach
Terminvereinbarung auch der Öffentlich-
keit zugänglich.

INFO

Das Engel-Museum,
Im Heider Feld 1,
51515 Kürten-
Engeldorf, ist nach
Terminvereinbarung
unter der Rufnummer
0 22 07/27 27 oder
53 61 zu besichtigen.
www.engeldorf.de
E-Mail: Gergi.hocabas
@gmx.de

Hungenbach

Gut Hungenbach ist nicht nur als ausge-
zeichnetes Hotel und Restaurant weithin
bekannt, auch als Kulturgut ist es berühmt
geworden. Auf Privatinitiative von Dr. med.
Hildegard von Fragstein und des Architekten H. Schwippert wurden in den Jahren 1972 bis
1982 historisch wertvolle Häuser aus dem Bergischen Land hierhin transloziert und wiederer-
richtet. Um das Zentrum des Anwesens, einen dort

*Johann-Heinrich Jung-Stilling, Schriftsteller und Goethe-
Freund (1740–1817) wohnte ab 1762 für einige Jahre in
dem nach ihm benannten Gebäude.*

bereits vorhandenen Gutshof mit Wehrturm aus dem 18. Jahrhundert, wurden unter anderem ein aus dem 17. Jahrhundert stammendes Kutscherhaus aus Bergisch Gladbach-Schildgen und das »Jung-Stilling-Haus« (1. Hälfte des 18. Jahrhunderts) aus Krähwinkelerbrück wieder aufgebaut.

Olpe

Gegenüber der katholischen Pfarrkirche St. Margaretha steht auf dem Friedhof die **Kreuzkapelle**, das »Krüzhüs-

Die katholische Pfarrkirche St. Margaretha in Olpe

gen«, wie die Einheimischen sagen. Einer Legende nach soll ein Ritter aus dem in Olpe ansässigen Geschlecht von Forst vom 5. Kreuzzug (1228/29) einen Splitter des Kreuzes Christi nach Olpe mitgebracht und die Kapelle errichtet haben, die in der Folgezeit immer wieder umgebaut wurde.

Seit dem Mittelalter genoss diese Reliquie große öffentliche Verehrung, die bis 1882 andauerte.

Anfang des 20. Jahrhunderts wurde eine neue Kreuzreliquie gestiftet. Diese befindet sich in der Pfarrkirche. Aber erst 1912 wurde die Kreuzoktav wieder als religiöse Woche veranstaltet. Diese Praxis wird, mit einigen Unterbrechungen, bis heute beibehalten.

1925 wurde die Kreuzkapelle zu einer Gefallenengedächtnisstätte umfunktioniert.

Spitze

Etwas abseits von der großen Kreuzung Bergisch Gladbacher-, Bensberger-, Bechener- und Wipperführther Straße liegt die vermutlich 1663 als Wallfahrtskapelle erbaute **Kapelle des St. Jakobus**. Dass sie eine der

INFO

Der Schlüssel der **Jakobus-Kapelle** ist im katholischen Pfarramt zu Dürscheid zu erfragen.

Bergisches Haus in der Gemeinde Kürten

Stationen der Jakobuspilger auf ihrem Weg zum Grab des Apostels im nordspanischen Santiago de Compostella war, ist bewiesen. Im Innenraum der Kapelle befindet sich noch der Holzaltar aus dem 17. Jahrhundert. Die dazugehörige, ebenfalls aus dieser Zeit stammende Votivfigur des Heiligen wird aber in einem Tresor in Dürscheid verwahrt. In der Woche ab dem 25. Juli eines jeden Jahres wird in Spitze immer noch die Jakobusoktav gefeiert.

Weiden

Die der heiligen Anna geweihte Kapelle an der Bundesstraße 506 (Kölner Straße) wurde 1507 errichtet. 1708 wurde sie restauriert. Nach einem Brand wurde die **St. Anna Kapelle** 1845 auf ihren alten Mauern wieder aufgebaut. Im Innenraum befindet sich ein neubarocker Altaraufsatz aus dem 19. Jahrhundert, der ursprünglich aus der Taufkirche in Bergisch Gladbach-Refrath stammt.

HOTELS

Hotels in Kürten

Zentrum
Hotel-Garni Tritz
Wipperfürther Str. 341
51515 Kürten
Tel.: 0 22 68 / 4 74
Fax: 0 22 68 / 20 91

Eisenkaul
Haus Wollersheim
Kölner Str. 190
51515 Kürten-Eisenkaul
Tel.: 0 22 68 / 63 52
Fax: 0 22 68 / 77 48

Herrscherthal
Hotel-Restaurant Meyer »Alter Bergischer Gasthof«
Kölner Straße 229
51515 Kürten-Herrscherthal
Tel.: 0 22 68 / 61 99
Fax: 0 22 68 / 90 14 59

Hungenbach
Gut Hungenbach****
51515 Kürten-Hungenbach
Tel.: 0 22 68 / 60 71 und 60 72
Fax: 0 22 68 / 60 73
E-Mail: guthungenbach@
gourmetguide.de
www.guthungenbach.de

Miebach
Haus Weidmannsheil
Wipperfürther Str. 191
51515 Kürten-Miebach
Tel.: 0 22 07 / 50 58

Oberossenbach
Hotel-Garni Teske
Oberossenbach 2
51515 Kürten
Tel.: 0 22 68 / 64 91

Gasthöfe und Pensionen in Kürten

Zentrum
Zur alten Ulme
Im Winkel 2
51515 Kürten
Tel.: 0 22 68 / 65 15

Ferienwohnungen in Kürten

Biesfeld
Jansen, Heike
Altendahl 10
51515 Kürten-Biesfeld
Tel.: 0 22 07 / 91 24 29

Busch
Faihst, Margarete
Buscherhof 16
51515 Kürten-Busch
Tel.: 0 22 68 / 71 58

Forsten
Gästehaus Paffrath
Forsten 27–31
51515 Kürten-Forsten
Tel.: 0 22 68 / 63 27

Laudenberg
Familie Happ
Kölner Str. 11a
51515 Kürten-Laudenberg
Tel.: 0 22 68 / 34 78
E-Mail: familiehapp-kuerten@gmx.de

GASTRONOMIE

Offermannsberg
Koch, Käthe
Offermannsberg 18
51515 Kürten-Offermannsberg
Tel.: 0 22 68 / 13 31

Olpe
Kremer, Uschi
Zum Wiedenhof 11
51515 Kürten-Olpe
Tel.: 0 22 68 / 72 37
E-Mail: u.h.kremer@t-online.de

Camping

Campingplatz Broich im Sülztal
Wipperfürther Str. 338
51515 Kürten-Broich
Tel.: 0 22 68 / 68 01 und 90 64 63

Restaurants, Gaststätten , Cafés

Zentrum

Altbergisches Haus
Kirchplatz 3
51515 Kürten
Tel.: 0 22 68 / 70 50

Das KürBis Bistro-Café
Wipperfürther Str. 398
51515 Kürten
Tel.: 0 22 68 / 80 06 07

Bechen
Ahle, Prinz
Odenthaler Str. 2
51515 Kürten
Tel.: 0 22 07 / 68 12

Biesfeld
Gaststätte Dorfschenke
Wipperfürther Str. 230a
51515 Kürten
Tel.: 0 22 07 / 91 18 21

Delling
Café-Restaurant »In der Delling«
Delling 12
51515 Kürten
Tel.: 0 22 68 / 90 92 68

Dürscheid
Café-Restaurant »Haus Oessenich«
Wipperfürther Str. 109
51515 Kürten
Tel.: 0 22 07 / 63 35

Offermannsheide
Auf der Heide
Offermannsheider Str. 181
51515 Kürten
Tel.: 0 22 07 / 64 08

Olpe
Bergisches Gasthaus »Haus Olpe«
Hauptstr. 26
51515 Kürten
Tel.: 0 22 68 / 61 42

Mittelselbach
Hähnchen-Restaurant »Hähnchen-Ewald«
Selbach 4
51515 Kürten
Tel.: 0 22 68 / 62 26

Spitze
Landgasthof »Zur Linde«
51515 Kürten
Tel.: 0 22 07 / 9 19 29 99

FREIZEIT

Sport/Wellness in Kürten

Golf
Golf-Club Kürten e.V.
Johannesberg 13
51515 Kürten
Tel.: 0 22 68 / 89 89
Fax: 0 22 68 / 30 89
www.golfclub-kuerten.de
18-Loch-Anlage u. 6-Loch-Kurzplatz

Reiten
Reiterhof Natascha Pätzold
51515 Kürten
Tel.: 0 22 68 / 88 54
E-Mail: alterego@freenet.de
www.deinpferdimgruenen.de

Zucht und Reitanlage Erbstösser & Horseteam Schneider
Keller 9
51515 Kürten
Tel.: 0 22 07 / 8 19 89
Fax: 0 22 07 / 91 16 35
E-Mail: mepferde@aol.com
www.mepferde.de

Bechen
Ellen Bay
Kochsfeld 28
51515 Kürten
Tel.: 0 22 07 / 27 04 und 50 38

Erlenbusch
Westernstall Erlenbusch
Erlenbusch 1
51515 Kürten
Tel.: 0 22 68 / 66 18

Maiberg
Friesenhof Maiberg
Maiberg 14
51515 Kürten
Tel.: 0 22 68 / 71 61

Weiden
Ferienhof Biesenbach
Weidener Str. 66
51515 Kürten
Tel.: 0 22 68 / 28 82 (Ferienhof)
0 22 68 / 32 44 (Reiten, Kutschfahrten und Reitschule)
www.ferienhof-biesenbach.de

Schwimmen
Splash Sauna- und Badeland
Broch 8
51515 Kürten
Tel.: 0 22 68 / 9 03 19
www.splash.kuerten.de

Tennis

Bechen
Tennisclub S.V. Bechen e.V.
Johannesberg 13
51515 Kürten
Tel.: 0 22 07 / 87 63

Bornen
Berg. Tennis Club Blau-Weiß Kürten
Höhenstr.
51515 Kürten
Tel.: 0 22 68 / 71 10

Dürscheid
Tennisclub TC Bergisch Land e.V.
Leo-Fahlenbock-Str. 36
51515 Kürten
Tel.: 0 22 07 / 60 60

Rundwanderung von Kürten aus

Kürten ist wohl diejenige Gemeinde des Rheinisch-Bergischen Kreises, die sich – gerade in ihren ländlichen Bereichen – ihren »bergischen« Charakter besonders stark bewahrt hat. Doch eine Wanderung in diesem Gebiet des Bergischen Landes ist nicht nur wegen seiner abwechslungsreichen landschaftlichen Schönheit, sondern auch aus historisch-ethnologischer Sicht besonders interessant.

☛ Ausgangspunkt dieser Wanderung ist die in ihren Ursprüngen aus dem 9. oder 10. Jahrhundert stammende katholische Pfarrkirche St. Johann Baptist im Zentrum von Kürten.

Der Bergstraße aufwärts folgend erreicht man nach wenigen Minuten die Straße »Im Winkel«, der man bis zum Erlenweg folgt und dann in selbigen abbiegt. Hier erscheint auch die Wanderwegbezeichnung A3. Dieser nach links folgend wird nach ca. 100 Metern eine Straßenkreuzung erreicht. Man biegt hier rechts in die Straße »Am Lindchen« ein und geht vorbei am ☛ Kürtener Waldfriedhof, auf den Wald zu. Dort erkennt man

Kürten um das Jahr 1960

die letzte Station eines ☛ Kreuzweges mit seiner modernen Reliefdarstellung. Dem Kreuzweg in umgekehrter Richtung etwa einen halben Kilometer folgend, an der Station »Jesus wird seiner Kleider beraubt«, biegt man nach rechts in einen anderen Weg ab, der bergab führt. Auf diesem Stück des Weges ist die Aufmerksamkeit der Wanderer besonders gefordert, da es sich zwar weiterhin um den Wanderweg A3 handelt, die entsprechenden Markierungen aber nur dann zu entdecken sind, wenn man sich immer wieder umdreht, da diese auf der dem Wanderer abgewandten Seite angebracht sind. Dies liegt daran, dass man dem Weg nicht in der vorgesehenen, sondern in der entgegengesetzten Richtung folgt. So wird der Weiler ☛ Oberduhr erreicht. Vor einem weiten Bachtal ist dem für den Autoverkehr gesperrten Weg links in Richtung auf den Wald zu folgen. Den Wald lässt man nach kurzer Zeit hinter sich und geht weiterhin geradeaus, durch das Duhrbachtal, bis man wieder in einen Wald eintritt. Ist dieser durchquert, wird ein Querweg sichtbar, dem nach links (immer noch A3) zu folgen ist und der wieder an das Bachbett führt, das an einer Sitzgelegenheit überquert wird. So wird nach ca. 250 Metern der Weiler ☛ Bech erreicht. Der dortigen Straße folgend, die gleichfalls den Namen Bech trägt, wird die Kölner Straße, die von Bergisch Gladbach nach Wipperfürth führt, bei Hutsherweg erreicht. Dort, an der ☛ Bundesstraße 506, halte man sich rechts. Nach ca. 100 Metern wird die Kölner Straße mit dem ersten Weg, der nach links abbiegt, wieder verlassen. Die Wegmarkierung wechselt hier von A3 auf ein K in einem Kreis, das den »Kürtener Ringweg« bezeichnet, und A2.

Diesen beiden Bezeichnungen folgend biegt man nach ca. 500 Metern nach rechts ab und geht, vorbei an Zuläufen zur Dhünntalsperre, deren Einbuchtungen immer wieder einmal sichtbar werden, auf zumeist ebenen Wegen den Bezeichnungen K und A2 folgend, etwa 45 Minuten weiter. Von Pfaden, die den Weg kreuzen, lasse man sich nicht beirren!

Dann, nach einem Marsch durch Wiesen, Wälder und in Sichtweite der Giebel der kleinen Ortschaft Dhünnberg, trifft man auf ein Wegkreuz. Dort biegt der A2 nach rechts ab. Die Wegmarkierung, der nun zu folgen ist, ist bis auf Weiteres ausschließlich das K im Kreis, das nach Dörnchen an der dem Wanderer bereits bekannten Bundestraße 506 (Bergisch Gladbach-Wipperfürth) liegt. An der Bundesstraße halte man sich links, also in Richtung auf Wipperfürth, bis zum Dorfanfang von ☛ Laudenberg. Dort geht es links in Richtung Häuschen und rechts nach Enkeln. Der Straße nach dem Dörfchen ☛ Enkeln, das sich trotz seiner geringen Größe und Einwohnerzahl in die Ortsteile Ober-, Mittel-, und Oberenkeln unterteilt, ist zu folgen. Wie einige

Historiker vermuten, hat Enkeln übrigens eine sehr alte Geschichte. Es soll unter dem Namen »einclo« bereits im Prümer Urbar von 893 n. Chr. Erwähnung finden.

Zunächst wird ☛ Oberenkeln erreicht. An der Abbiegung nach Unterenkeln halte man sich geradeaus, und so wird ☛ Mittelenkeln erreicht. Vorbei an einem neugotischen Wegkreuz von 1898, der nach Osten führenden Straße 100 Meter folgend, wird die so genannte ☛ »Dr. Foerster-Hülse«, ein jahrhundertealter und unter Naturschutz stehender Ilex-Strauch, erreicht. Seinen Namen hat die Hülse dadurch bekommen, weil es dem Chemiker Dr. Hans Foerster (1864–1917), einem begeisterten Botaniker mit einer besonderen Neigung zur Flora des Bergischen Landes, gerade diese Hülse, die eine Repräsentantin der typisch bergischen Stechpalme (Ilex) ist, besonders angetan hatte.

Der Straße weiter folgend gelangt man an eine Straßengabelung. Dort halte man sich links und folge weiterhin der Markierung K in das ☛ Altenbachtal. Dort, wo sich drei Wege gabeln, biegt man rechts ab. Dem K und dem Bachverlauf folgend geht es dann weiter in Richtung auf den ☛ Golfplatz »Bergerhöhe«. Wenn man ihn erreicht hat, folgt man der Wegbezeichnung K auf dem Bergrücken, der eine schöne Aussicht bietet, geht dann kurz

Die Stechpalme (Ilex aquifolium) ist im Bergischen häufig anzutreffen.

vor dem aus der 2. Hälfte des 18. Jahrhunderts stammenden ☛ Wegkreuz mit der Darstellung der Heiligen Familie (unter einer Linde gelegen) nach rechts. Nach etwas weniger als einem halben Kilometer wird wiederum ein Wegkreuz erreicht. Weiter auf dem Höhenrücken geht es in Richtung auf die nun erkennbare Kürtener Pfarrkirche zu.

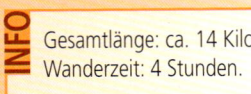

Gesamtlänge: ca. 14 Kilometer.
Wanderzeit: 4 Stunden.

Dem Weg nach links folgend werden der Weiler ☛ Meiersberg und ein befahrbarer Weg erreicht. Man folgt ihm talwärts und trifft auf einen Privatweg, der nach rechts abbiegt. Auf diesem gelangt man am Parkplatz »Ahlenbacher Mühle« auf die im Tal der Kürtener Sülz gelegene Wipperfürther Straße. Hält man sich dort rechts, kommt man schon bald an die Wermelskirchener Straße. Dieser kurz folgend erreicht man die Straße »Am Hang«, die in wenigen Minuten wieder zur ☛ katholischen Kürtener Pfarrkirche und damit auch zum Ausgangspunkt dieses Rundweges führt.

Leichlingen

Allgemeines

Leichlingen wird, aufgrund des dort ansässigen und weitverbreiteten Obstanbaus, auch die »Blütenstadt« oder die »Obstkammer des Bergischen Landes« genannt und liegt im nord-westlichen Teil des Kreisgebietes. Über 70% des Stadtgebietes bilden noch heute Wald-, Landwirtschafts- und Grünflächen. Leichlingen selbst setzt sich aus annähernd 90 Dörfern, Höfen, Hofschaften und Ansiedlungen zusammen.

Geschichte

Bereits in der Steinzeit, vor etwa 5000 Jahren, siedelten dort, wo heute die Stadt Leichlingen liegt, Jäger und Fischer. Als »Leigelingon an der Wippera« wird es im 11. Jahrhundert n. Chr. erstmals urkundlich erwähnt. Im ausgehenden 17. Jahrhundert taucht die Ortsbezeichnung Leichlingen auf, die der heutigen Stadt ihren Namen gab. Die Stadtrechte wurden 1856 an Leichlingen verliehen. Seine heutige Struktur verdankt auch Leichlingen dem Gesetz zur kommunalen Neugliederung des Kölner Raumes. Am 1. Januar 1975 wurde Leichlingen mit dem nahe gelegenen »Höhendorf« Witzhelden unter gleichzeitiger Aufnahme in den Rheinisch-Bergischen Kreis fusioniert.

Sehenswürdigkeiten

Innenstadt

Dort, wo heute in der Marktstraße das **evangelische Gotteshaus** steht, befanden sich bereits im Mittelalter mehrere kirchliche Vorgängerbauten. Das Gebäude, eine einschiffige Bruchstein-Hallenkirche im Stil

INFO

Leichlingen
Einwohner: 29 022
Fläche: 37,27 km²
Verwaltung:
Stadt Leichlingen
Am Büscherhof 11
42799 Leichlingen
Tel.: 0 21 75 / 9 92-0
www.stadt-leichlingen.de

des Barock, wurde in den Jahren 1753–56 errichtet. Der Kirchturm stammt allerdings von 1877.

Im Innenraum überrascht, wie auch in der evangelischen Kirche zu Burscheid, der typische »bergische Aufbau« von Altar, Kanzel und Orgel.

Beachtenswert sind auch die 1953 wieder entdeckten und zeitlich nicht einzuordnenden bäuerlichen Deckengemälde und die mit prachtvollem Schnitzwerk versehene barocke Predigtkanzel.

In der nördlich der evangelischen Kirche gelegenen Straße »Am Hammer« (vor dem Bürgerhaus) stehen noch die Fundamente der zwei **Kupferhämmer**, die der Kölner Bankier Wilhelm Hack (1678–1758) im Jahre 1715 erbauen ließ. Hier wurden die Kupferplättchen für die herzogliche Münze in Düsseldorf hergestellt. Seit 1806 wurden die Hämmer nicht mehr betrieben und verfielen langsam. Gewissermaßen sind sie aber die Urzelle der Leichlinger Metallindustrie, die noch heute der wichtigste Gewerbezweig der Stadt ist.

Folgt man der Straße »Am Hammer« weiter, so wird das **Gut Eicherhof**, auch »Schloss Hack« genannt, erreicht. Seine Geschichte als Adelssitz reicht bis in das 13. Jahrhundert zurück. 1755 erwarb Wilhelm Hack, der auch Erbauer der Kupferhämmer war, das Anwesen

INFO

Die Räumlichkeiten von **Gut Eicherhof** können für festliche Anlässe oder Tagungen in einem exklusiven Ambiente gemietet werden. Informationen unter www.schloss-eicherhof.de oder unter der Rufnummer 0 21 75 / 16 80 08.

Die heute noch erhaltene Anlage mit repräsentativem Herrenhaus und eingeschossigen Flügelbauten wurde aber erst durch seinen Erben J. W. Behagel von Hack in den Jahren 1762/63 errichtet. Heute ist »Schloss Hack« im Besitz eines Konzerns und nicht zu besichtigen.

Gut Eicherhof-Impressionen

Balken

Zwischen Büscherhöfen und Balken, an der Oskar-Erbslöh-Straße erinnert ein **Denkmal** mit einem zu Tode gestürzten Adler daran, dass eine Episode der Frühphase der deutschen Luftfahrt in Leichlingen ihren Anfang und ihr tragisches Ende nahm. Auf Initiative des aus Elberfeld (heute Wuppertal) stammenden Oskar Erbslöh (1879–1910), der ein international anerkannter Freiballonfahrer war, wurden 1908 in Balken eine Luftschiffhalle und ein Flugfeld der »Motorluftschiff-Gesellschaft e.V. Elberfeld« errichtet. Auch das Luftschiff »Oskar-Erbslöh« wurde hier gebaut. Ein Probeflug im Jahr 1910 nahm nicht nur ein tragisches Ende, sondern beendete auch die Leichlinger Luftschiffahrt: Oskar Erbslöh und vier seiner Flugkameraden kamen beim Absturz des Luftschiffes zu Tode.

Das tragische Ereignis in einem zeitgenössischen Zeitungsbericht

Gegenüber von Balken, auf einer Felsennase am anderen Wupperufer, liegt **Haus Vorst**. Mit dem Auto ist es über den Vorster Weg erreichbar. Eine erste urkundliche Erwähnung unter der Bezeichnung »Vorster Lehnshof« stammt aus dem Jahr 1297. In den folgenden Jahrhunderten wurde das Anwesen, das 1403 Herzog Wilhelm von Berg kurze Zeit als Gefangenen sah, mehrfach zerstört; so im Dreißigjährigen Krieg und erneut 1795 durch französische Revolutionstruppen, die es ausplünderten und brandschatzten. Die heute noch erhaltenen Bauteile stammen zum überwiegenden Teil aus dem 14., 15. und 19. Jahrhundert. Der Burginnenhof, in dem in der warmen Jahreszeit manchmal auch Konzerte stattfinden, ist am Tage zu besichtigen. In einem

Haus Vorst in Leichlingen

INFO Wer die Arbeiten des **Künstlers Werner Peiner** besichtigen möchte, kann sich unter der Rufnummer 0 21 75 / 7 11 26 anmelden.

Anbau von »Haus Vorst« sind nach telefonischer Vereinbarung die Arbeiten des Malers Werner Peiner (1897–1984) zu besichtigen. Peiner, der zeitlebends im Stil der alten Meister arbeitete, war seit 1933 Professor an der Düsseldorfer Kunstakademie und Leiter der Künstlerschule für Malerei in Kronenberg/Eifel (1936–1944). Von 1938–1942 trug sie den Namen ihres Gönners Hermann Göring. Sie wurde 1942 in »Meisterschule der Malerei Werner Peiner« umbenannt. Nach dem Zusammenbruch des Dritten Reiches wurde Professor Werner Peiner von öffentlichen Sammlungen und Ausstellungen ausgeschlossen. Er arbeitete nur noch für private Auftraggeber und gab auch private Malstunden. Seit 1948 hatte er sein Domizil auf »Haus Vorst«.

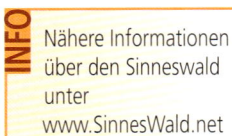

INFO Nähere Informationen über den Sinneswald unter www.SinnesWald.net

Von Balken aus erreicht man am besten zu Fuß den im Murbachtal gelegenen **Sinneswald**. Integriert in die natürliche Waldlandschaft und einen Steinbruch entstand hier ein »wunderbar, wundersam, wunderlich, wunderschön« Gelände, in das unter der Regie der Künstler Wicze Braun und Wolfgang Brudes ihr besonderes Verständnis von Kunst und Natur integriert wurde.

Diepenthal

Die **Ruine des ehemaligen bergischen Rittersitzes Diepenthal**, dessen Geschichte bis in das 15. Jahrhundert zurückreicht,

Die Talsperre Diepenthal, beliebtes Ausflugsziel für die Bewohner der Umgebung

versank im Jahr 1900 in den Fluten der neu angelegten Talsperre des Murbachs. Heute beherbergt das malerische, von Wäldern umgebene Tal ein Naherholungsgebiet mit Restaurant-Café, Seeterrasse, Bootsverleih, Minigolfanlage, Wald-Quellbad mit Massagebrunnen und romantischen Spazierwegen. Daneben wird auch die Vermietung und Verpachtung von Immobilien und Jahres-Campingplätzen angeboten.

INFO Nähere Auskünfte sind unter Erholungsgebiet Talsperre Diepental, Diepental 88, 42799 Leichlingen, Tel. 0 21 71 / 3 02 14 und Fax: 02171/32076 erhältlich. Siehe auch www.diepental.de.

Witzhelden

Das Wahrzeichen des unter Denkmalschutz stehenden Ortskernes ist der »**Alte vom Berge**«, der aus der Zeit um 1150 stammende Westturm der heutigen evangelischen Kirche. 1184 wurde Witzhelden unter der Bezeichnung »Withseleden« erstmals in einem Schriftdokument erwähnt. Die Geschichte des Gotteshauses geht aber vermutlich noch weiter, nämlich in das 11. Jahrhundert, zurück. Ein dreischiffiges Langhaus, das ebenfalls aus dem 12. Jahrhundert stammte, fiel dem Neubau des heutigen, in den Jahren 1767–1772 errichteten barocken Saalbaus zum Opfer. Im Kircheninnenraum befindet sich die inzwischen restaurierte Ausstattung des 18. Jahrhunderts.

Leichlingen-Unterschmitte

Westlich der Straße Unterschmitte, am nördlichen Ortsausgang von Leichlingen in Richtung Solingen, liegen die **Leichlinger Sandberge**. Die heute zum Teil unter Naturschutz stehenen Hügel sind die Reste von Sandbänken, die vor etwa 60 000 000 Jahren, während der Tertiär-Zeit, als Muschelablagerungen entstanden, als das Leichlinger Stadtgebiet von einem urzeitlichen Meer überschwemmt war.

UNTERKUNFT

Hotels in Leichlingen

Stadtzentrum
Hotel »Am Stadtpark«
Am Büscherhof 1a
42799 Leichlingen
Tel.: 0 21 75 / 8 98 90
E-Mail: Hotel_am_Stadtpark@gmx.de

Hotel Lindenhof
Brückenstr. 9
42799 Leichlingen
Tel.: 0 21 75 / 8 99 19 - 0

Balken
Hotel Brückenhof
Balken 18–20
42799 Leichlingen
Tel.: 0 21 75 / 72 01 34

Witzhelden
Hotel »Zur Post«
Hauptstr. 5
42799 Leichlingen
Tel.: 0 21 74 / 32 14

Gasthöfe und Pensionen in Leichlingen

Stadtzentrum
»Zur Ratsstube«
Markt 33
42799 Leichlingen
Tel.: 0 21 75 / 9 03 45

Förstchen
»An den zwölf Uhren«
Förstchen 37–39
42799 Leichlinen
Tel.: 0 21 75 / 28 31

Witzhelden
»Haus Orth«
Wolfstall 1
42799 Leichlingen
Tel.: 0 21 74 / 32 83

»Zum Herzbachtal«
Herscheid 24
42799 Leichlingen
Tel.: 0 21 74 / 3 01 59
Fax: 0 21 74 / 3 87 48
www.herzbachtal.de

Privatvermieter in Leichlingen

Stadtzentrum
Harzheim, Gertrud
Neukirchener Str. 56
42799 Leichlingen
Tel.: 0 21 75 / 29 89

Balken
Albers, Edith
Neuenkamper Weg 76
42799 Leichlingen
Tel.: 0 21 75 / 9 01 75

Junkersholz
Bauernhof Sesterhenn
Junkersholz 26
42799 Leichlingen
Tel.: 0 21 75 / 66 33
Fax: 0 21 75 / 16 86 26
E-Mail: sesterhenn@web.de

Unterschmitte
Brauer, Inge und Wolfgang
Hüttchen 11
42799 Leichlingen
Tel.: 0 21 75 / 9 04 15

UNTERKUNFT

Ferienwohnungen in Leichlingen

Stadtzentrum
Bachhausen, Gundela
Kirchstr. 54b, 42799 Leichlingen
Tel.: 0 21 75 / 63 21

Balken
Busch, Marga
Am Murbach 3, 42799 Leichlingen
Tel.: 0 21 75 / 92 64

Unterschmitte
Flügel, Margit
Am Staderhof 1, 42799 Leichlingen
Tel.: 0 21 75 / 55 76

Wietsche
Müller, Helga
Wietsche 9, 42799 Leichlingen
Tel.: 0 21 75 / 7 23 18

Witzhelden
Braun, Daniel
Zum Buschtor 2, 42799 Leichlingen
Tel.: 0 21 74 / 79 51 58

Müller, Monika und Rolf
In der Meie 14, 42799 Leichlingen
Tel.: 0 21 74 / 3 83 48
E-Mail:
Rolf-Monika.Müller@t-online.de

Camping in Leichlingen

Balken
Campingplatz »Vorstblick«
Balker Aue
42799 Leichlingen
Tel.: 0 21 75 / 55 90

Diepental
Campingplatz Diepental
Diepental 88, 42799 Leichlingen
Tel.: 0 21 71 / 3 02 14

Restaurants, Gaststätten und Cafés in Leichlingen

Stadtzentrum
»Hermann des Wirths Haus«
Mittelstr. 10–12
42799 Leichlingen
Tel.: 0 21 75 / 7 35 25

»Kartoffelhaus« Leichlingen
Mittelstr. 17
42799 Leichlingen
Tel.: 0 21 75 / 12 40

Café »Am Stadtpark«
Neukirchener Straße 8
42799 Leichlingen
Tel.: 0 21 75 / 7 19 99

Café-Bistro »Saphir«
Im Brückerfeld 11
42799 Leichlingen
Tel.: 0 21 75 / 7 25 14

Café »Witprächtiger in der Villa Weyermann«
Am Hammer 9
42799 Leichlingen
Tel.: 0 21 75 / 7 21 29

Balken
»Zur Kutsche«
Oskar-Erbslöh-Straße
42799 Leichlingen
Tel.: 0 21 75 / 27 48 und 35 43

Förstchen
Gasthof »Zur Trompete«
Am Förstchensbusch 2a
42799 Leichlingen
Tel.: 0 21 75 / 9 81 83

Diepental
Café-Restaurant am See
»Haus Diepental«
Diepental 88, 42799 Leichlingen
Tel.: 0 21 71 / 3 02 14

Stöcken
Restaurant »Haus Stöcken«
Stöcken 12, 42799 Leichlingen
Tel.: 0 21 75 / 28 57

Wietsche
Gaststätte-Café »Wietscher
Mühle«
Am Murbach, 42799 Leichlingen
Tel.: 0 21 75 / 21 08

Witzhelden
»Haus Klippenberg«
Oberbüscherhof 48, 42799 Leichl.
Tel.: 0 21 74 / 31 00

Spezialitäten-Restaurant
»Landhaus Lorenzet«
Neuenhof 1, 42799 Leichlingen
Tel.: 0 21 74 / 36 03

Sport in Leichlingen

Minigolf
Balken
Sportzentrum Balker Aue
42799 Leichlingen
Tel.: 0 21 75 / 5 56 69

Reiten
Reithalle
Oskar-Erbslöh-Str. 36
42799 Leichlingen
Tel.: 0 21 75 / 9 88 28

Witzhelden
Reitanlage Witzhelden-Sieferhof
Sieferhof 1
42799 Leichlingen
Tel.: 0 21 74 / 3 89 14

Schwimmen
Hallen- und Freibad »Blütenbad
Leichlingen«
Am Büscherhof 45
42799 Leichlingen
Tel.: 0 21 75 / 39 00

Tennis
Leichlinger Tennishalle Hasenclever
Bremsen 45
42799 Leichlingen
Tel.: 0 21 75 / 92 71

Balken
Tennisanlage Leichlinger Turnverein
Balker Aue, 42799 Leichlingen
Tel.: 0 21 75 / 31 19

Eicherhof
Tennisclub Blau-Weiß
Anlage Eicherhof
42799 Leichlingen
Tel.: 0 21 75 / 42 29

Witzhelden
Tennisanlage TV Witzhelden
Am Sportplatz
42977 Leichlingen
Tel.: 0 21 74 / 3 88 06

Rundwanderung von Leichlingen aus

Diese Wanderung beginnt auf dem ☛ Parkplatz Wipperaue. Man erreicht ihn, wenn man der Straße von Leichlingen nach Solingen bis zur Haasenmühle folgt und dort zum Parkplatz Wipperaue rechts abbiegt. Dort folgt man zu Fuß dem Wanderweg A3 bis zum ☛ Wipperkotten, einem um 1600 erbauten Schleifkotten, der heute unter anderem auch zu kulturellen Zwecken genutzt wird. Von dort folgt man der Hinweistafel, die in Richtung »Rüden« zeigt, um bald wieder auf den A3 zu stoßen. Auf einem gut befestigten Weg erreicht man, dem Waldessaum folgend, ☛ Friedrichsaue. Auf dem Fußweg, der linker Hand, den Hang hinauf, zur »Friedrichshöhe« führt, erreicht man den A2, dem man bis zum »Solinger Klingenpfad« folgt. Auf diesem erreicht man den »Aussichtspunkt Rüden«. Weiter geht es zur Ortschaft ☛ Mühlenberg, wo die Rüdener- und die Severinstraße aufeinander stoßen. Rechter Hand verlässt man in der nächsten Kurve wieder die Straße und folgt weiterhin den Wanderzeichen S und A2 in Richtung »Rüden« und »Rüdener Kotten«. Wenig später erreicht man einen Forstweg, der an einer Einfahrt endet. Dort folgt man dem schmalen Waldweg, der den Berg hinab zum Weiler ☛ Oberrüden und zum Kotten, einem ehemaligen von der Wupper angetriebenen Eisenhammer, führt. Von dort, über eine eisene Brücke, erreicht man schließlich das ☛ »Rüdendenkmal«. Von hier kehrt man wieder zurück ins Tal der Wupper. Dort liegt ☛ Rüdenstein, wo man auch Einkehr halten kann.

Weiter führt der Weg, immer am Flussufer entlang, zum Haus »Fähr«. Dort wechselt man auf das andere Ufer, hält sich rechts und wandert weiterhin flussabwärts, den Wegbezeichnungen N19 oder X folgend, bis zum Friedrichsthaler Kotten. Auf dem Weg N erreicht man die so genannte ☛ »Zoppes-

Das **Rüdendenkmal** stellt einen Jagdhund dar und trägt die Inschrift »Der Rüde Herzog Robert von Berg«. Es erinnert an eine Begebenheit, die sich im Winter des Jahres 1424 an dieser Stelle zugetragen hat: Herzog Roberts war auf der Hirschjagd verunglückt. Seine Rettung, so die Sage, soll er lediglich seinem Jagdrüden zu verdanken gehabt haben. Zur Erinnerung daran ließ er an diesem Platz ein Denkmal errichten. Nachdem das Denkmal im Laufe der Zeit verfallen war, wurde es anlässlich der 500. Wiederkehr dieses Ereignisses im Jahr 1924 neu errichtet.

INFO
Gesamtstrecke: ca. 12 km.
Wanderzeit: 3 Stunden

mur«, die Reste einer mittelalterlichen Burganlage. Von dort geht es weiter, auf dem Weg mit der Bezeichnung N, zum burgähnlichen 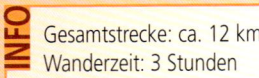 Haus Nesselrath. Hier soll sich die Sage der Kunigunde von Nesselrath abgespielt haben (siehe unten). Von dort gelangt man wieder auf die Straße und, vorbei an den Häusern der Haasenmühle, schon bald zum Ausgangspunkt.

Die Sage von Kunigunde und Wirich von Nesselrath

Ritter Wirich von Nesselrath war reich an Gütern und berühmt durch seine Tapferkeit. (…) Mit Stolz blickte seine Gemahlin Kunigunde auf ihn, und kein sehnlicherer Wunsch erfüllte ihr Herz, als der, ihren tapferen Gemahl als Schildträger begleiten zu dürfen. Doch wollte der Ritter von derlei abenteuerlichen Plänen nichts wissen.

Im Jahre 1246 wurde Ritter Wirich einst von seinem Landesherrn nach Bensberg entboten. An einem heißen Sommermorgen ritt er mit seinen (…) Knechten hin. Da holte ihn unterwegs ein Ritter mit geschlossenem Helme ein und bat um die Gunst, den edlen Ritter unter der Bedingung begleiten zu dürfen, daß er den Helm geschlossen halten dürfe. Das Anerbieten wurde gern angenommen, und der Reitertrupp langte bald am Fuße des Bensberges an. Dort wurde eine kleine Rast gemacht. Ein Zufall aber fügte es, daß der Ritter von Nesselrath seine Gemahlin erkannte, die sich eingefunden hatte, um alle Gefahren ihres Gemahls zu teilen. Auf des Ritters Geheiß mußte sie jedoch heimkehren; doch gab er ihr das Versprechen, ihren Mut auf die Probe zu stellen; würde sie diese bestehen, dann wollte er ihr gestatten, in Zukunft alle Gefahren (…) mit ihm zu teilen.

Traurig kehrte Kunigunde mit einigen Knappen ins Schloß Nesselrath zurück. Am nächsten Tage kehrte auch ihr Gemahl heim. Als er nun durch das Thal von Leichlingen ritt und seine Burg im hellen Mondschein vor sich liegen sah, gedachte er seines Versprechens. Er teilte seinem Gefolge mit, daß er einen Scheinangriff auf das Schloß machen wolle, was von diesen mit Freuden begrüßt wurde. Nach kurzer Frist war alles bereit und der Sturm begann. Die Aufforderung, sich zu ergeben, wurde verächtlich zurückgewiesen. Nun war dem Ritter aus seiner Kinderzeit ein heimlicher Weg über die Burgmauer bekannt. Auf diesem suchte er, nachdem er seine Rüstung abgelegt hatte, unbemerkt in das Innere der Burg zu gelangen. Seine Knechte führten mittlerweile einen Scheinangriff an der anderen Seite aus. Sein Plan schien zu gelingen, denn er gelangte ins Innere. Mit verstellter Stimme rief er nun, das Schloß sei in Feindes Hand, man möge sich ergeben. Wirklich floh das Burggesinde. Aber die mit einer Rüstung bewehrte Burgfrau drang mit größtem Heldenmut auf den vermeintlichen Räuber ein, welchen sie in der herrschenden Dunkelheit nicht zu erkennen vermochte. Dessen Erklärungen wurden für Räuberlist gehalten, und bald sank er, von dem Schwerte seiner Gattin getroffen, tot zu Boden. So hatte sie die Probe bestanden, aber mit dem Leben ihres geliebten Gatten bezahlt. In verzweifelnder Seelenqual vertrauerte die unglückliche Witwe im Kloster zu Gräfrath den Rest ihrer Tage. *(aus »Bergische Sagen« von Otto Schell)*

Odenthal

Allgemeines

Die nördlich von Bergisch Gladbach gelegene und durch das liebliche Flusstal der
Dhünn geprägte Gemeinde Odenthal, die
»Wiege des Bergischen Landes«, zählt zu den
beliebtesten Ausflugs- und Naherholungs-
zielen des Rheinisch-Bergischen Kreises.
Hierzu tragen nicht nur die waldreiche Umgebung, sondern auch die Kulturschätze Odenthals bei, die
es in der ganzen Welt berühmt gemacht haben und Jahr für
Jahr zahlreiche Besucher aus dem In- und Ausland anlocken.

INFO

Odenthal
Einwohner: 15 543
Fläche: 39,97 km²
Verwaltung:
Gemeinde Odenthal
Altenberger-Dom-
Straße 31
51519 Odenthal
www.odenthal.de

Geschichte

Zahlreiche ur- und frühgeschichtliche Funde, insbesondere
auf dem Sonnenhang im Ortsteil Voiswinkel, sind ein ein-
deutiges Indiz dafür, dass das Gemeindegebiet bereits seit
der Steinzeit – zumindest zeitweilig – besiedelt war.

Vermutlich ist das Dorf Odenthal eine fränkische Gründung des 9. oder 10. Jahrhunderts. 1150 wird es als »Udin-
dar« erstmals schriftlich erwähnt. Das Stammschloss des
bergischen Herrschergeschlechts derer von Berg wurde um

*Der Altenberger Dom,
vor seiner Wieder-
errichtung, als Ruine*

1060 auf einer Erhöhung oberhalb der Dhünn, in der Nähe des heutigen Altenbergs, errichtet. Von ihm legen heute nur noch wenige Reste Zeugnis ab.

Im Jahr 1133 schenkten die Grafen von Berg ihre »Burg Berge« dem aus Frankreich stammenden Zisterzienserorden. Aber bereits zu Ende desselben Jahrhunderts zogen die Mönche in das nahe gelegene Dhünntal und begannen mit dem Bau des Klosters Altenberg.

Miniatur im Altenberger Dom

Dunkle Zeiten erlebte Odenthal zu Beginn des 17. Jahrhunderts, als eine Flut von Hexenverfolgungen die ländliche Ansiedlung erschütterte. Nachdem binnen eines Jahrzehnts mindestens acht Frauen als Hexen verbrannt worden waren, hieß das Dorf im Volksmund des Bergischen Landes nur noch »Hexen-Odenthal« und wurde mit dem Schimpfvers »Sie breeten zu Ohnder die Hexen wie Hohnder – Sie brieten zu Odenthal die Hexen wie Hühner« belegt. Insbesondere der Prozess gegen Katharina Güschen, die »Hexe von Nittum«, erschütterte 1612/13 das ganze Dorf. Auch während der französischen Besatzungszeit, zu Ende des 18. und zu Beginn des 19. Jahrhunderts, hatten die Odenthaler viel zu erleiden.

Hexenverbrennung, dargestellt auf dem Hexenbrunnen

1815 fiel Odenthal an das Königreich Preußen und gehörte fortan zum Kreis Mülheim am Rhein. Nach dessen Auflösung im Jahr 1932 kam die Bürgermeisterei Odenthal zum neu geschaffenen Rheinisch-Bergischen Kreis. 1975 fiel auch die über Jahrhundete gewachsene Gemeindestruktur Odenthals dem so genannten »Köln-Gesetz« zum Opfer. Der damals bevölkerungsreichste Gemeindeteil, nämlich Schildgen, fiel an die Stadt Bergisch Gladbach.

Sehenswürdigkeiten

Ortsmitte

An der Altenberger-Dom-Straße gelegen befindet sich die **katholische Pfarrkirche St. Pankratius**. Die flachgedeckte, dreischiffige Pfeilerbasilika, deren Ursprünge bis in das 12. Jahrhundert zurückreichen, beherbergt eine der ältesten Glocken des Rheinlandes. Sie wurde um 1050 gegossen. In den Jahren 1701 und 1893/94 wurde das Gotteshaus umgebaut bzw. erweitert. In den 70er Jahren des 20. Jahrhunderts fand eine gründliche Restaurierung statt.

Im Kirchenraum steht ein Taufbecken, das aus der Gründungszeit von St. Pankratius stammt, ebenfalls ist dort eine sehenswerte Holzpietà des 18. Jahrhunderts zu sehen. Seit dem Mittelalter steht St. Pankratius unter dem Patronat der jeweiligen Herren der Burg Strauweiler (Odenthal), die noch heute eine Patronatsbank im Gotteshaus besitzen.

Der Hexenbrunnen. Im Hintergrund der Turm von St. Pankratius

Erwähnenswert ist auch der malerische St. Pankratius umgebende **Alte Kirchhof**. Dort befinden sich historische Grabsteine des 17. bis 19. Jahrhunderts und das Denkmal der Gefallenen des Ersten Weltkrieges.

An der »Dorfstraße« sind eine Reihe alter bergischer Schiefer- und Fachwerkhäuser erhalten.

Folgt man der »Dorfstraße«, so gelangt man zum 1988 errichteten »Hexenbrunnen«, der in seiner künstlerischen Ausführung und Symbolik an die Hexenverfolgungen in Odenthal erinnert.

Malerisch gelegen: Schloss Strauweiler

An der Altenberger-Dom-Straße, rechts von der Straße gelegen wenn man von Odenthal nach Altenberg fährt, liegt **Schloss Strauweiler**. Seine Ursprünge reichen weit in das Mittelalter zurück. Vielleicht stand an dieser Stelle sogar der Hof des Ritters de Udindare, der zu den Gründern der Gemeinde zählt. In seinen Ursprüngen stammt das heutige Schloss aus dem 15. Jahrhundert. Es wurde in der frühen Neuzeit, 1862 und in den Jahren 1952/56 mehrfach erweitert und ist heute im Besitz der prinzlichen Familie zu Sayn-Wittgenstein-Berleburg, der es auch als Wohnsitz dient. Schloss Strauweiler ist nicht zu besichtigen!

Die **Kleine-Rathaus-Galerie**, Bergisch-Gladbacher-Straße 2, bietet in der Regel im Jahr sechs wechselnde Ausstellungen zeitgenössischer Kunst unter dem Motto »kleine aber feine Präsentationen« an.

INFO

Die **Kleine-Rathaus-Galerie** ist montags bis donnerstags von 8.00 bis 17.00 Uhr und freitags von 8.00 bis 12.00 Uhr geöffnet. Der Eintritt ist frei. Nähere Auskünfte sind unter der Rufnummer 0 22 02/7 10 - 129 erhältlich.

Kunst ist in Odenthal allerorten anzutreffen. Auch an der Atelier-Scheune hinter dem Hexenbrunnen, wo Künstlern Ateliers für einen begrenzten Zeitraum zur Verfügung gestellt werden, lohnt ein Blick.

Altenberg

Die Literatur, die sich mit dem **Kloster Altenberg**, dem wohl berühmtesten, geschichtsträchtigsten und meistbesuchten Ort des ganzen Bergischen Landes, in all seinen Facetten beschäftigt, reicht aus, um mehrere Bibliotheken zu füllen. Daher sei an dieser Stelle nur auf die wichtigsten Fakten und Daten hingewiesen:

Schmuckstück sakraler Baukunst im Bergischen Land: Der Altenberger Dom

Nachdem die aus dem französischen Kloster Morimond in Burgund stammenden Zisterziensermönche, die seit dem 12. Jahrhundert die alte Burg zu Altenberg bewohnt hatten, feststellten, dass diese nicht den Ansprüchen ihrer Ordensregeln entsprach, beschlossen sie, ein neues Kloster in dem unweit der Burg gelegenen Dhünn-Tal zu errichten. Der heutige »Bergische Dom« wurde in den Jahren 1259–1379 erbaut. Er trat an die Stelle einer älteren Pfeilerbasilika.

1803 wurde die Abtei im Zuge der napoleonischen Besatzungszeit säkularisiert. Plünderungen und Brände trugen dazu bei, dass das Kloster Altenberg zusehends verfiel. Der Abriss des Gotteshauses wurde bereits in Erwägung gezogen.

Vielfältigen Initiativen – hier mögen die Namen des späteren preußischen Königs Friedrich Wilhelm IV., der Bergisch Gladbacher Industriellengattin Maria Zanders und des Schriftstellers Wilhelm von Zuccalmaglio (genannt »Montanus«) für viele stehen – ist es zu verdanken, dass es nicht zur Durchführung dieses Planes kam. In den Jahren 1835–1847 wurde der »Altenberger Dom«, wie er auch genannt wird, restauriert. Bereits seit 1857 wurde er als »Si-

Der lichte Innenraum des gotischen Gebäudes versetzt die Besucher in Staunen.

multankirche« der katholischen und evangelischen Christen genutzt.

Von den Kunstschätzen, die der Altenberger Dom birgt, ist besonders das 144 m² große Westfenster hervorzuheben. Es ist das größte Kirchenfenster in Nordeuropa. Auch die übrigen Glasarbeiten der Außenfassade sind von kunsthistorischem Wert, denn sie sind Zeugnis der Entwicklung der Glasmalerei des 13. und 14. Jahrhunderts.

Im Kircheninnenraum, über dem Hochaltar, hängt die bekannte und wertvolle Holzdarstellung der Doppelmadonna und des Jesuskindes mit dem Strahlenkranz. Die aus dem 16. Jahrhundert stammende Arbeit eines flämischen Künstlers ist alljährlich das Ziel vieler Wallfahrten.

Kloster Altenberg war zeitweilig auch die Grablege der bergischen Grafen und Herzöge. Neben den Grabdenkmälern der Klostergründer Adolf II. und Everhard von Berg finden sich im Chorumgang der Nordseite weitere Grabstätten. Daneben birgt die Kirche auch die historischen Grabplatten zahlreicher Altenberger Äbte. Die große, in der Nähe des Eingangs befindliche Figur des heiligen Christopherus stammt aus dem 16. Jahrhundert.

Gegenüber der Westseite des Domes, nördlich an das Hotel-Restaurant »Altenberger Hof« anschließend, liegt die **Markuskapelle** mit ihren spätromanischen Wandgemälden, die wohl in den Jahren 1210 bis 1220 im rheinischen Übergangsstil zwischen Romanik und Gotik errichtet wurde.

Der an die Kapelle anschließende »Küchenhof«, dessen Eingangstor das Wappen des Altenberger Abtes Hennig aus dem Jahr 1715 trägt, beherbergt heute unter anderem eine Töpferei, Gärtnerei und Gaststätte. Der zum Anwesen gehörende restaurierte Pilgersaal wird zu den unterschiedlichsten kulturellen und geselligen Gelegenheiten genutzt. Man kann ihn auch anmieten.

Eine der zahlreichen kunstvollen Grabplatten im Altenberger Dom

Das auf den Fundamenten alter Klostergebäude errichtete weiträumige »Haus Altenberg« ist heute der Sitz des Bundes der deutschen katholischen Jugend und der Jugendbildungsstätte des Erzbistums Köln. Es wird aber auch zu Tagungen, Seminaren und diversen kulturellen Ereignissen genutzt.

Der unweit von Altenberg gelegene **Deutsche Märchenwald Altenberg** wurde 1931 eröffnet. In zahlreichen auf die jeweilige Geschichte abgestimmten kleinen Gebäuden werden hier viele deutsche Märchen dargestellt und über Tonband erzählt. Der Märchenwald ist ganzjährig geöffnet, sein Besuch gegen Eintritt möglich.

INFO
Nähere Auskünfte sind unter der Rufnummer 0 21 74/ 4 04 54 und unter der Internetadresse www.deutschermaerchenwald.de erhältlich.

Das Brüder-Grimm-Märchen vom »Tischlein deck dich«

Die »Gebrüder-Grimm-Ehrenhalle« befindet sich etwas unterhalb des »Märchenwaldes«, im Restaurant »Deutscher Märchenwald«. Hier finden auch die Vorstellungen mit der »Altenberger Wasserorgel« und den »Tanzenden Fontänen« statt.

An der Umgehungsstraße von Altenberg, schräg rechts gegenüber der Einfahrt nach Altenberg, wenn man aus Richtung Odenthal kommt, beginnt ein Waldweg, der nach ca. 10 Minuten Fußmarsch zum Bodendenkmal der Burg Berge führt, die nur noch durch einige Bodenerhebungen auf einem Bergplateau erkennbar ist. Hinweistafeln berichten über die Geschichte der Anlage. Folgt man dem Weg weiter, so gelangt man bald zum umfriedeten Altenberger Wildpark. Vorsicht – frei laufende Wildschweine (meist zahm)! Das Betreten des Parks ist bei Tageslicht (bis 19.00 Uhr im Sommerhalbjahr) normalerweise erlaubt.

Wenngleich unspektakulär, ist die Burg Berge archäologisch und historisch von einiger Bedeutung für das Bergische Land.

HOTELS

Hotels in Odenthal

Gemeindezentrum
Bergisches Haus
Dorfstr. 12
51519 Odenthal
Tel.: 0 22 02 / 7 98 92

Hotel »Zur Post«****
Altenberger-Dom-Str. 23
51519 Odenthal
Tel.: 0 22 02 / 97 77 80
Fax: 0 22 02 / 9 77 78 49
info@hotel-restaurant-zur-post.de
www.hotel-zur-post.de

Altenberg
Altenberger-Hof
Eugen-Heinen-Platz 7
51519 Odenthal
Tel.: 0 21 74 / 49 70
Fax: 0 21 74 / 49 71 23
E-Mail: altenberger-hof@t-online.de
www.altenberger-hof.de

Hotel-Restaurant-Café Wißkirchen,
Am Rößberg 2
51519 Odenthal-Altenberg
Tel.: 0 21 74 / 6 71 80
Fax: 0 21 74 / 67 18 18
hotel-wisskirchen@t-online.de

Eikamp
Hotel-Garni »Eikamper Höhe«
Schallemicher-Str. 11
51519 Odenthal-Eikamp
Tel.: 0 22 07 / 76 00
Fax: 0 22 07 / 47 40
hotel.eikamper.hoehe@t-online.de
www.hotel-eikamper-höhe.de

Höffe
Forellenhof
Scherfbachtalstr. 19
51519 Odenthal-Höffe
Tel.: 0 22 02 / 7 84 62

Höffer Hof
Scherfbachtalstr. 8–10
51519 Odenthal-Höffe
Tel.: 0 22 02 / 7 83 95

Privatvermieter in Odenthal

Eikamp
Zimmer, C. und A.
Zum Vogelherd 13
51519 Odenthal
Tel.: 0 22 07 / 65 71
Fax: 0 22 07 / 70 04 27
E-Mail: arndt.zimmer@t-online.de

Osenau
Hamann, Martini
Am Steinberg 9
51519 Odenthal-Osenau
Tel.: 0 22 02 / 7 01 68
Fax: 0 22 02 / 9 75 41
E-Mail: Hamann-Odenthal@t-online.de

Lube, Marianne
Odenthaler Str. 10c
51519 Odenthal
Tel.: 0 22 02 / 70 94 43
Fax: 0 22 02 / 70 94 42

Voiswinkel
Kühlmorgen, Jutta und Fritz
Hirschweg 57
51519 Odenthal
Tel.: 0 22 02 / 7 96 90

Ferienwohnungen in Odenthal

Grimberg
Schaller, Marlies
Neschener Str. 81
51519 Odenthal-Grimberg
Tel. + Fax: 0 21 74 / 44 58
E-Mail: tsschneider@web.de

Osenau
Endres, Helge
Obere-Conrad-Valdor-Str. 7
51519 Odenthal-Osenau
Tel. + Fax: 0 22 02 / 7 99 79
E-Mail: h-e-star@web.de

Kessner-Leck, Karin
Untere-Conrad-Valdor-Str. 12
51519 Odenthal-Osenau
Tel.: 0 22 02 / 7 96 29
Fax: 0 22 02 / 25 91 76
E-Mail: NC-Kessneka@netcologne.de

Restaurants, Gaststätten und Cafés in Odenthal

Altenberg
Café-Restaurant »Deutscher Märchenwald«
Märchenwaldweg 15
51519 Odenthal-Altenberg
Tel.: 0 21 74 / 4 04 54

Gaststätte-Café »Küchenhof«
Carl-Mosters-Str. 1
51519 Odenthal-Altenberg
Tel.: 0 21 74 / 4 14 13

Eikamp
»Zur Linde«
Zur Alten Linde 4
51519 Odenthal-Eikamp
Tel.: 0 22 07 / 20 82

Holz
Gaststätte »Haus Hölzer«
Bergstr. 82
51519 Odenthal-Holz
Tel.: 0 21 74 / 79 19 99

Scherf
»Zur Lindenwirtin«
51519 Odenthal-Scherf
Tel.: 0 22 02 / 7 85 72

Sport in Odenthal

Tennis

Glöbusch
Tennis-Club Glöbusch e.V.
Infos: Wünneberg, Detlef
Auf dem Winkel 15
51519 Odenthal
Tel.: 0 21 74 / 4 11 94

Voiswinkel
Tennisgemeinschaft »Grün Weiß« Voiswinkel e.V.
Infos: 0 22 02 / 75 77

Rundwanderung von Odenthal aus

Startpunkt ist der an der Straße von Altenberg nach Dab-ringhausen (ca. 1 km hinter Altenberg) gelegene ☛ **Wander-parkplatz Schöllerhof**. Am allein stehenden Gebäude des Schöllerhofes vorbei führt der Weg, rechts von Feldern und links von einem steil aufsteigenden Wald umgeben, in Richtung des schattigen, von der Dhünn durchflossenen Hellenenthals. Dort sind noch Spuren von Pulvermühlen zu finden, die hier einst standen. Sich hinter der Dhünnbrücke links haltend sieht man nach einigen Kilometern die ☛ **Familienbildungsstätte »Maria in der Aue«**, wo auch die Möglichkeit zur Einkehr besteht, durch die Bäume schimmern. Um dorthin zu gelan-gen, aber auch um den eingeschlagenen Weg fortzusetzen, muss die Dhünnbrücke an dieser Stelle überquert werden. Auf ansteigendem Weg wird die Staumauer der großen Dhünntalsperre erreicht. Von dieser hat man zu jeder Jahres-zeit einen schönen Ausblick auf die weite Wasserfläche und die umliegende Landschaft. Weiter führt die Strecke über Lindscheid nach ☛ **Bremen**. Ausgezeichnet ist der Weg auf dieser Teilstrecke durch Schilder, die ein »Wandermännchen« darstellen. In Bremen überquert man die Straße und steigt hinab in das ☛ **Eifgenbachtal**, das zu den schönsten des Bergi-schen Landes zählt. Da das dortige Wegenetz für den Orts-unkundigen sehr unübersichtlich ist, sei angeraten, den blau-gelben Hinweisschildern des Jakobs-Pilgerweges zu folgen, die bachabwärts wieder in Richtung Schöllerhof führen. Über mehrere Brücken wird schließlich ein Hang erreicht. Nun führt der Weg zunächst steil hinauf und dann ebenso steil wieder hinab. Nach starken Regenfällen besteht auf dem schlammi-gen Untergrund die Gefahr des Ausrutschens!

Im weiteren Streckenverlauf weist die Tafel »Archäolo-gisches Bodendenkmal« auf die Reste der ☛ **Eifgenburg** hin, einer Ringwallanlage aus dem 9. oder 10. Jahrhundert. Man folgt dem gut ausgebauten Weg, bis man wieder auf eine Brücke stößt, die zu überqueren ist. In zügigem Marsch über einen Feldweg wird von dort der ☛ **Wanderparkplatz** in etwa 10 Minuten erreicht.

INFO
Gesamtlänge: ca. 20 Kilometer.
Wanderzeit: 4,5 Stunden.

Wermelskirchen

Allgemeines

Die Dhünntalsperre ist attraktives Ausflugsziel in der Umgebung der Stadt.

Wermelskirchen ist die nordöstlichste Stadt des Rheinisch-Bergischen Kreises. Sie setzt sich aus der Innenstadt, den Stadtteilen Dhünn und Dabringhausen sowie über 120 Dörfern, Honschaften und Weilern zusammen.

Prägend für das Landschaftsbild des Stadtgebietes sind neben dem romantischen Dhünntal die nicht minder schönen Eifgen- und Eschbachtäler und die Große Dhünntalsperre. Ein beliebtes Ausflugsziel, gerade in den Ferien und an den Sommerwochenenden, ist die altehrwürdige »Burg an der Wupper«, die nur wenige Kilometer vom Wermelskirchener Innenstadtbereich auf dem Gebiet der Stadt Solingen liegt. Aber auch in Wermelskirchen selbst gibt es vieles zu entdecken, zu erwandern und zu erkunden.

INFO

Wermelskirchen
Einwohner: 37 264
Fläche: 74,66 km²
Verwaltung:
Stadtverwaltung
Wermelskirchen
Telegrafenstr. 29–33
42929 Wermelskirchen
Tel.: 02196/710-0
www.wermels
    kirchen.de

Geschichte

Ca. dreißig Rastplätze mittelsteinzeitlicher Nomaden (8000–4000 v. Chr.) wurden in den vergangenen Jahrzehnten im Wermelskirchener Gebiet entdeckt. Aber auch jungsteinzeitliche Viehzüchter (4000–2000 v. Chr.), die Menschen der Eisen- und der römisch-germanischen Epoche hinterließen Spuren in Wermelskirchen.

Im 7. und 8. nachchristlichen Jahrhundert stoßen zwischen Wermelskirchen und dem benachbarten Burscheid eine aus östlicher Richtung kommende sächsische und eine vom Rheintal ausgehende westliche Neuansiedlung aufeinander. Den eigentlichen Ursprung von Wermelskirchen stellt wohl der Bau eines Gotteshauses gegen Ende des 9. Jahrhunderts dar. Als »Weremboldeskircken« wird die Pfarrkirche zu Wermelskirchen erstmals in der Mitte des 12. Jahrhunderts erwähnt. Der Ursprung der beiden Kirchenorte Dabringhausen und Dhünn ist vermutlich auf die

Das Weberhandwerk hat als einer der wesentlichen Wirtschaftszweige die Geschichte von Wermelskirchen bestimmt.

Ansiedlung bäuerlicher Anwesen in diesen Gebieten zurückzuführen, die sich im Laufe der Jahrhunderte zu geschlossenen Ortschaften entwickelten. Die günstige Lage an dem alten Handelsweg, der von Flandern über Köln, Lennep und Schwelm an die Ostsee führte, förderte die Entwicklung Wermelskirchens bereits im Mittelalter, das 1260 an die Grafen von Berg fiel. Ein bergischer Graf, nämlich Adolf VII., soll es auch gewesen sein, der Ende des 13. Jahrhunderts aus Flandern stammende Weber anwarb, in Wermelskirchen ansiedelte und damit den Grundstock zu einem Gewerbe legte, das für die Stadt über Jahrhunderte hinweg ein wichtiger Erwerbszweig sein sollte. Urkundlich lässt sich die Wermelskirchener Weberzunft bis in das 16. Jahrhundert belegen. Neue wirtschaftliche Innovationen kamen Ende des 17. Jahrhunderts in die Gemeinde, als aus Frankreich vertriebene Calvinisten die Seidenweberei in der Gegend heimisch machten.

1758 fiel Wermelskirchen, mit Ausnahme der Stadtkirche, einer Brandkatastrophe zum Opfer.

Zu Beginn des 19. Jahrhunderts war der Großteil der Wermelskirchener Bevölkerung in der aufblühenden Textil-

Blick auf die Stadt Wermelskirchen mit der evangelischen Kirche

industrie, die sich damals überwiegend noch in Heimarbeit abspielte, beschäftigt. Daneben gab es aber auch kleine Feilenhauereien, die in der Mitte des 19. Jahrhunderts mehr und mehr durch industrielle Betriebe verdrängt wurden. Die Herstellung von Schäften und Schuhen spielte von 1860 bis 1970 in Wermelskirchen eine wichtige wirtschaftliche Rolle. Die Stadtrechte wurden der Gemeinde im Jahr 1873 verliehen.

Wie andere bereits beschriebene Städte kam auch Wermelskirchen 1975 im Rahmen der kommunalen Neugliederung des Kölner Raums zum Rheinisch-Bergischen Kreis.

Sehenswürdigkeiten

Stadtkern

Noch heute ist der innenstädtische Bereich von Wermelskirchen durch zahlreiche typisch bergische Schieferhäuser und aus Steinen erbaute Häuser mit Stuckfassaden, die zum überwiegenden Teil um die Wende des 19. zum 20. Jahrhundert errichtet wurden, geprägt. Das historische, um die **evangelische Kirche** herum gruppierte Stadtzentrum steht unter Denkmalsschutz.

Das am Markt gelegene Gotteshaus geht auf Vorgängerbauten zurück, die sich bis in das 9. Jahrhundert zurückverfolgen lassen. Zunächst wird sich hier wohl ein hölzernes Gebäude befunden haben. In den Jahrzehnten um 1200 herum wurde eine dreischiffige, romanische Pfeilerbasilika errichtet, deren Turm in großen Teilen noch erhalten ist. Seit dem Jahr 1660 ist sie das Gotteshaus der evangelisch-unierten bzw. reformierten Gemeinde.

1765 entstand die barocke Schweifhaube des Turms. Nach Abriss des romanischen Kirchenschiffs wurde 1838 ein neuer Kirchenraum im neoromanischen Stil nach Plänen des Architekten Otto von Gloden errichtet, der sich stilistisch an dem erhalten gebliebenen Turm ausrichtet. In den 1960er Jahren wurden an der Kirche umfangreiche Renovierungsarbeiten durchgeführt. Im Innenraum sind wichtige Ausstattungselemente wie das barocke Orgelprospekt, die Kanzel und der Abendmahlstisch im Original erhalten.

Schöne Bürgerhäuser des 18. und 19. Jahrhunderts sind am Wermelskirchener Markt, um die evangelische Kirche herum gruppiert, zu bewundern.

1865 gründeten die Brüder Eugen und Wilhelm **Kattwinkel** eine Fabrik (Kattwinkler Straße), in der Stiefelschäfte hergestellt und Lasting gewebt wurden. Sie legten damit den Grundstock zur Wermelskirchener Schuhproduktion, die über viele Jahrzehnte ein wichtiger Erwerbszweig der Stadt war. Zu Anfang des 20. Jahrhunderts fanden nach Erweiterung und Neubau von Betriebsstätten in Wermelskirchen bei »Kattwinkel« 600 Menschen Beschäftigung. Die Gründung der »Preußischen Schule für Schuh- und Schäfteproduktion« ist auf eine Initiative Wilhelm Kattwinkels zurückzuführen.

Denkmal zur Erinnerung an die Schuh- und Schaftindustrie (1860–1970) in Wermelskirchen.

Die »Kattwinkelsche Fabrik« dient, nach umfangreichen Renovierungsarbeiten, seit 1991 als Begegnungsstätte, Stadtbücherei und multifunktionales Begegnungszentrum, in dem verschiedenste sozialkulturelle und freizeitpädagogische Projekte angeboten werden. Als Industriedenkmal steht das Gebäude unter Schutz.

Im Straßenzug Eich, der Verlängerung der Kölner Straße, sind einige besonders schöne Beispiele bergischer Häuser zu bewundern. Mit ihrer dunklen Schieferverkleidung und den typischen grünen Schlagläden wurden sie zu Ende des 18. Jahrhunderts erbaut. Die **Bürgerhäuser, Eich 6/8**, wurden nach dem großen Stadtbrand von 1758 errichtet. Ihre

Haus »Auf der Eich« in Wermelskirchen

INFO

Nach Vereinbarung mit dem Hauptamt der Stadt Wermelskirchen, Tel. 0 21 96 / 7 10 - 100, sind Besichtigungen der **Bürgerhäuser** für Gruppen möglich.

Hotel »Zur Eich« in Wermelskirchen

Vorgängerbauten wurden vermutlich im 16. Jahrhundert erbaut, denn schon ab 1600 ist an dieser Stelle eine Kaufmannsfamilie names Schmidt urkundlich nachweisbar. Seit 1820 gehörten die Bürgerhäuser der Familie Schumann, die eine Seidenbandweberei in Wermelskirchen betrieb. Der bekannteste Spross der Familie ist Julius Schumann (1827–1902), der den Schlossbauverein Burg an der Wupper begründete.

1939 gingen die »Bürgerhäuser« in den Besitz der Stadt Wermelskirchen über, die sie 1977 liebevoll und kostenaufwändig restaurieren und zu öffentlichen »Bürgerhäusern« umbauen ließ, die auch zu Ausstellungen und Veranstaltungen genutzt werden.

Die ursprünglichen Räumlichkeiten und die Ausstattung wurden hierbei weitmöglichst erhalten und geben einen interessanten Einblick in das Leben einer bergischen Industriellenfamilie des 19. Jahrhunderts.

Gegenüber den »Bürgerhäusern«, im **Hotel »Zur Eich«** (Eich 7), wurde 1864 der Bergische Turnerbund gegründet. Das verschieferte Fachwerkhaus ist über 200 Jahre alt.

Das Geburtshaus des wohl berühmtesten Wermelskircheners ist **Eich 19**. Hier wurde Dr. Carl Leverkus (1804–1889) als Sohn des ersten Wermelskirchener Apothekers geboren. 1834 gründete Dr. Carl Leverkus in Wermelskirchen eine Fabrik zur Ultramarinherstellung, die er 1862/64 nach Wiesdorf (heute: Leverkusen-Wiesdorf) verlegte,

Berühmtester Sohn der Stadt Wermelskirchen und Namenspatron von Leverkusen: Carl Friedrich Leverkus

da der nahe liegende Rhein dort bessere Transportmöglichkeiten bot. Das heute weltberühmte Bayer Werk ließ sich 1874 ebenfalls in Wiesdorf nieder. Später kaufte »Bayer« das Leverkus-Werk auf. Im Jahr 1929 erhielt die neu gegründete Stadt, die sich im Laufe der Zeit um Wiesdorf herum entwickelt hatte, in Erinnerung an Dr. Carl Leverkus den Namen Leverkusen.

Der größte Weihnachtsbaum Europas in Wermelskirchen

Im Zusammenhang mit der Wermelskirchener Innenstadt sei noch darauf hingewiesen, dass am dortigen **Remscheider Platz** eine über 20 Meter hohe **Mammutkiefer** steht, die alljährlich in der Vorweihnachtszeit zum »höchsten Weihnachtsbaum Europas« herausgeputzt wird.

Wermelskirchen-Dabringhausen

Dabringhausen, bis 1975 eine eigenständige Gemeinde, war im Mittelalter Sitz eines Landgerichts. Der Dorfkern mit seinen Fachwerkbauten und der evangelischen Kirche steht unter Denkmalsschutz.

Kommt man aus Richtung Altenberg, liegt rechts der Altenberger Straße die **evangelische Kirche**. Sie hat eine lange Geschichte: Bei Ausgrabungen im Jahr 1976 stellte

Historische Fachwerkhäuser (Hotel »Zur Post«) in Wermelskirchen-Dabringhausen

sich heraus, dass an gleicher Stelle früher ein kleiner saalartiger Bau in Steinausführung gestanden hatte, der wahrscheinlich um das Jahr 1000 errichtet worden war und eine noch frühere Holzkirche ersetzt hat. Im 12. Jahrhundert wurde der erwähnte Steinbau dann durch ein romanisches Gotteshaus ersetzt, das in den Jahren 1783–88 einem spätbarocken Neubau weichen musste. Reste der romanischen Kirche finden sich noch in dem 1748 errichteten Kirchturm. Im 16. Jahrhundert wurde das Gebäude, als Folge der Reformation, in ein evangelisches Gotteshaus umgeweiht. Der Innenraum des Bruchsteingebäudes ist in der für evangelische Kirchen typischen bergischen Form ausgestaltet (vgl. hierzu Burscheid, Leichlingen und Stadtkirche Wermelskirchen).

Dhünn

Das alte Kirchdorf Dhünn ist erstmals 1308 mit Sicherheit urkundlich erwähnt, wenn auch die Kirche, die bis 1540 unter dem Patronat des Kölner St. Andreas Stiftes stand, wohl aus dem 12. Jahrhundert stammt. Bereits im 16. Jahrhundert begann die Bevölkerung von Dhünn zum evangelischen Glauben überzutreten, dem zu Ende des Jahrhunderts das evangelisch-reformierte Glaubensbekenntnis folgte. Seit Ausgang des 19. Jahrhunderts wird in Dhünn die Bandweberei in Heimarbeit betrieben. 1992 existierten noch 46 solcher Hausbandwebereien in Dhünn. Die Tendenz ist aber fallend.

Die **romanische Ortskirche** des 12./13. Jahrhunderts wurde in den Jahren 1769–72 durch einen spätbarocken Neubau ersetzt. Lediglich der alte Kirchturm, der in früheren Jahrhunderten auch als Wehrturm diente, blieb – bis auf den

Umbau des Untergeschosses – unversehrt. Auch in der evangelischen Kirche von Dhünn blieb die typisch bergische Inneneinrichtung des ausgehenden 18. Jahrhunderts erhalten. Das Gotteshaus ist nur bei kirchlichen Veranstaltungen und besonderen Anlässen geöffnet.

Ketzbergerhöhe

Vom dortigen **Hindenburgturm**, einem Wasserturm, der in den 1920er Jahren errichtet wurde, hat man einen schönen Ausblick auf die bergische Landschaft und die Große Dhünntalsperre. Das Relief über dem Eingang des an einen mittelalterlichen Wehrturm erinnernden Gebäudes zeigt das Wappen des ehemaligen Kreises Lennep, zu dem die Region von 1816 bis 1929 gehörte.

INFO

Der Schlüssel des **Hindenburgturms** ist während der Woche in dem benachbarten Haus und an den Wochenenden im Thai-Restaurant »Zum Hindenburgturm« (Ketzberger Höhe 8) zu erfragen.

Lindscheid

Unterhalb des Weilers Lindscheid liegt die ehemalige und wegen Unterbelegung 1988 geschlossene Jugendherberge von Dabringhausen. Sie beherbergt heute die Psychosomatische Klinik **Haus Lindscheid**. Das 1954 nach Plänen der Düsseldorfer Architekten W. Euler und D. Petersen errichtete Gebäude ist ein typisches Beispiel des architektonischen Zeitgeschmacks jener Jahre, der sich unter anderem durch das flache Pultdach, die geschwunge Grundrissform und den hellen Eingangsbereich auszeichnet.

HOTELS

Hotels in Wermelskirchen

Stadtzentrum

Hotel »Zum Schwanen«
Schwanen 1
42929 Wermelskirchen
Tel.: 0 21 96 / 71 10
Fax: 0 21 96 / 71 12 99
www.zumschwanen.com

Hotel »Zur Eich«
Eich 7
42929 Wermelskirchen
Tel.: 0 21 96 / 7 27 00
Fax: 0 21 96 / 72 70 70
www.hotel-zur-eich.de

Dabringhausen
Hotel »Zur Post«
Altenberger Str. 90
42929 Wermelskirchen-
Dabringhausen
Tel.: 0 21 93 / 5 10 00
Fax: 0 21 93 / 51 00 79
www.hotel-dabringhausen.de

Dhünn
Zu den drei Linden
Staelsmühler Str. 1
42929 Wermelskirchen
Tel.: 0 21 96 / 8 03 43
Fax: 0 21 96 / 8 96 97

Zur Post
Hauptstr. 32
42929 Wermelskirchen
Tel.: 0 21 96 / 8 02 16
Fax: 0 21 96 / 8 96 01
www.hotel-zur-post.net

Pensionen und Gasthöfe in Wermelskirchen

Schürholz
Haus Erika
Schürholz 25
42929 Wermelskirchen
Tel.: 0 21 93 / 13 89

Das Tagungshotel
Maria in der Aue, das
der Großindustrielle Karl
Haniel 1927 erbauen
ließ, gilt als Topadresse
für Wohlbefinden und
Erholung.
In der Aue 1
42929 Wermelskirchen
Tel.: 0 21 93 / 505-0
Fax: 0 21 93 / 505-101
www.tagungen-aue.de
www.maria-in-der-aue.de

Privatvermieter in Wermelskirchen

Löh
Reinhard Lange
Löh 47
42929 Wermelskirchen-Löh
Tel.: 0 21 96 / 73 21 66
Fax: 02 02 / 59 70 26

Osminghausen
Inge Klophaus
Osminghausen 19
42929 Wermelskirchen-
Osminghausen
Tel.: 0 21 96 / 8 05 72
E-Mail: i.k.klophaus@t-online.de

Restaurants, Gaststätten und Cafés in Wermelskirchen

Innenstadt
Altes Brauhaus
Eich 31
42929 Wermelskirchen
Tel.: 0 21 96 / 26 02

Bistro an der Eich
Eich 38
42929 Wermelskirchen
Tel.: 0 21 96 / 9 27 32

Bergischer Löwe
Markt 3
42929 Wermelskirchen
Tel.: 0 21 96 / 97 29 27

Café-Konditorei Wild
Markt 1
42929 Wermelskirchen
Tel.: 0 21 96 / 49 35

Stadtcafé
Telegrafenstr. 29
42929 Wermelskirchen
Tel.: 0 21 96 / 9 18 00

Coenenmühle
Pfannenkuchenmühle
Coenenmühle 2
42929 Wermelskirchen-Coenenmühle
Tel.: 0 21 93 / 30 83

Dabringhausen
Gaststätte zum Markt
Altenberger Str. 57
42929 Wermelskirchen- Dabringhausen
Tel.: 0 21 93 / 7 30

Dhünn
Café-Restaurant Jägerhof
Neuenhaus 1
42929 Wermelskirchen-Dhünn
Tel.: 0 21 96 / 8 03 00

Grunewald
Zur Bergischen Schnitzelpfanne
Grunewald 30
42929 Wermelskirchen-Grunewald
Tel.: 0 21 93 / 7 27

Grünenbäumchen
Grünenbäumchen
Grünenbäumchen 5
42929 Wermelskirchen-
Grünenbäumchen
Tel.: 0 21 93 / 46 46

Lüdorf
Bergische Stube
Lüdorf 56
42929 Wermelskirchen-Lüdorf
Tel.: 0 21 93 / 44 94

Kreckersweg
Schinderhannes
Kreckersweg 1a
42929 Wermelskirchen-Kreckersweg
Tel.: 0 21 93 / 8 14

Neue Mühle (Eifgental)
Neue Mühle
Neue Mühle 1
42929 Wermelskirchen Neue Mühle
Tel.: 0 21 96 / 97 16 74

Rausmühle (Eifgental)
Rausmühle
Rausmühle 1
42929 Wermelskirchen-Rausmühle
Tel.: 0 21 93 / 8 13

Tente
Zum grünen Baum
Tente 56
42929 Wermelskirchen-Tente
Tel.: 0 21 96 / 73 12 13

Sport in Wermelskirchen

Reiten

Reit- und Fahrverein
Wermelskirchen
Rotdornweg 5
42929 Wermelskirchen
Tel.: 0 21 96 / 41 51

Dabringhausen
Reit- und Voltigiergemeinschaft
Dabringhausen
Vorsitzender Robert Eck
Oberhebbinghausen 17
42929 Wermelskirchen
Tel.: 0 21 96 / 8 31 50

Dhünn
Reit- und Fahrverein Dhünn
Elbringhausen 26a
42929 Wermelskirchen
Tel.: 0 21 96 / 15 03

Schwimmen

Hallenbad Wermelskirchen
Quellenweg
42929 Wermelskirchen
Tel.: 0 21 96 / 67 78

Dabringhausen
Freibad Dabringhausen
Coenenmühle
Tel.: 0 21 93 / 33 55

Dhünn
Freibad Dhünn
Pilghauser Straße
Tel.: 0 21 96 / 8 03 55

Tennis

TC Grün-Weiß
Bachstr. 2a
42929 Wermelskirchen
Tel.: 0 21 96 / 8 17 46

Dabringhausen-Coenenmühle
TC Coenenmühle
Grünenbäumchen 3
42929 Wermelskirchen
Tel.: 0 21 93 / 46 65

Pohlhausen
Tura Pohlhausen Tennis
Andreasstr. 35
42929 Wermelskirchen
Tel.: 0 21 96 / 8 26 56

Rundwanderung von Wermelskirchen aus

Am ☛ Markt von Wermelskirchen-Dhünn, dort wo der Brunnen – oder wie die Einwohner sagen: die »Fontaine« – steht, beginnt der Weg in das Tal der Kleinen und Großen Dhünn, der durch ein Kreissymbol gekennzeichnet ist. Zunächst gehe man die Straße ein wenig hinab und folge dann der Anliegerstraße, die hinter dem Haus Nr. 24 nach links abzweigt. Auf diesem Weg erreicht man eine belebtere Straße, der geradeaus zu folgen ist. Hier überquert man die Kleine Dhünn, folgt weiterhin dem Straßenverlauf, bis dieser eine Rechtskurve macht. 50 Meter weiter wird ein Fußweg erreicht, der durch den Wald talwärts verläuft und sich, noch bevor der Waldrand und das Ufer der Kleinen Dhünn erreicht werden, nach links wendet und bis zu einer großen Viehweide wieder ansteigt. Dort geht es weiter nach rechts. Auf einem Holzsteg wird an dieser Stelle die Kleine Dhünn überquert. Dann geht es weiter, immer an der Begrenzung der Viehweide entlang. Schließlich trifft man auf eine ☛ Wanderhütte aus Holz, in deren unmittelbarer Nähe sich ein Wegekreuz befindet. Von dort hat man einen schönen Ausblick auf die Dhünntalsperre.

Es geht weiter geradeaus, dem Weg der Kleinen Dhünn, die zur Rechten fließt, folgend, bis zu einem Schlagbaum. Dort ist der Weg asphaltiert. Auf diesem wird der Weiler ☛ Oberpilghausen erreicht.

An dem Hinweis »Zu den Häusern 1–3« geht man nach links. Nach etwa 80 Metern biegt der Weg dann im scharfen Knick nach rechts ab. Es wird ein geteertes Sträßchen erreicht. Ab da halte man sich links. Von dort ab trägt die Strecke die Bezeichnung A1 und führt zunächst um ein Einzelgehöft herum. Weiter bergan wird das Sträßchen zum Feldweg. An einer Ruhebank kommt man zu einem Laubwald. Dort folgt man dem Pfad, der nach rechts abgeht und nach oben führt, bis erneut ein Weg erreicht wird, dem es anzusehen ist, dass er auch von Kraftfahrzeugen benutzt wird. Schließlich erreicht man eine Straße, die als Sackgasse über der ☛ Dhünntalsperre, einer der größten Talsperren Deutschlands, endet. Schon bald gabelt sich A1. An dieser

Stelle muss man sich links halten und, an ☛ Großrosting-hausen vorbei, folgt man weiter der A1-Bezeichnung, bis man schließlich (an der Abzweigung nach Hammesrostring-hausen halte man sich geradeaus) auf eine Straße stößt. Dort geht es nach links und weiter Richtung ☛ Heister auf der Höhe. Hinter der alten, 1906 eingeweihten Schule (heute nur noch privat genutzt) biegt der A1 nach links ab. Jedoch folgt man dem Anliegerweg nach rechts, vorbei an den bergischen Fachwerkhäusern. Nach einigen hundert Metern geht es dann, dem Weg folgend, nach links. Schließlich wird bei ☛ Altenhof wieder eine Straße erreicht. An dieser Stelle ist aber dem Wiesenweg zu folgen, der geradeaus weiterführt und am Schutzzaun der Uferruhe-zone der Dhünntalsperre endet. Dort ist erneut eine Straße zu überqueren und dem geteerten Sträßchen zur Neumühle zu folgen. Vorbei an einem Wanderparkplatz geht es in Richtung der Großen Dhünn, die man nach ca. 500 Metern überquert und dann die ☛ Neuemühle erreicht. Der Fach-werkbau aus der 2. Hälfte des 19. Jahrhunderts beherbergt heute eine Gaststätte.

Hinter dieser biegt der Weg, dem Mühlengraben folgend, nach links ab und führt nun die Bezeichnung A4. Der Dhünn folgend wird schließlich eine Weggabelung erreicht, wo auf den Weg Nr. 19, der durch ein Andreaskreuz gekenn-zeichnet ist, gewechselt wird. Nachdem man die Dhünn auf einem Brückchen überquert hat, biegt der Weg nach links in das Purderbachtal ab. Diesem folgend erreicht man nach etwa 1,5 Kilometern ☛ Purd und eine Straße. Dieser folgt man nach links, bis zu einer Kurve.

Hält man sich dort wiederum links, stößt man wieder auf den Purderbach, dem man abwärts, dem Wanderzeichen X nach, folgt. Nachdem wieder ein Wasser überquert ist, biegt die Strecke nach rechts ab. An der nächsten Weggabelung geht es weiter nach rechts. Dann gelangt man in einen Fichtenwald. Dem Wanderweg bergwärts bis zur Höhe fol-gend gelangt man in das Dorf ☛ Schückhausen und durch-quert es. Sich am Dorfausgang links haltend und dem Straßenverlauf (hier Wegbezeichnung A3) weiter folgend wird eine leichte Straßenkurve erreicht. Dort nehme man den ersten unmarkierten Weg, der nach links führt. Folgt man diesem über eine Hügelkuppe, wird am Rande des Waldes ein Querweg erkennbar, dem nach rechts zu folgen ist. Nach Überquerung eines Fahrwegs wird wieder der schon altbekannte A3 erreicht, der nach Bergstadt führt. Auf dem A3 geht es durch Bergstadt und weiter, bis man endlich eine Landstraße überquert. Dort geht es, nachdem der Weg nach rechts abgeknickt ist, wieder in das Tal der Kleinen Dhünn. Bald gelangt man, vorbei an einem Sport-platz, zu einer Brücke und zu der Straße, die den Wanderer, wenn er sich links hält, schon bald zum Ausgangspunkt dieser Halbtageswanderung zurück-führt.

 INFO
Gesamtlänge: ca. 15 Kilometer.
Wanderzeit: 4 Stunden.

Das südliche Kreisgebiet

Pfarrkirche Immekeppel

Burg Steinhof Overath

Gut Eichthal Overath

Schloss Eulenbroich Rösrath

Altes Rathaus Rösrath

Löwenskulptur Kleineichen

Katholische Kirche Rösrath

Overath

Overath liegt im südöstlichen Teil des Rheinisch-Bergischen Kreises und grenzt an den Oberbergischen- und den Rhein-Sieg-Kreis. Neben der für das Bergische Land typischen Mittelgebirgslandschaft wird das Stadtgebiet insbesondere durch die an vielen Stellen sehr malerischen Flussläufe der Agger und der Sülz geprägt. Aufgrund seiner Natur- und kulturellen Schönheiten bietet sich Overath nicht nur für einen Ausflug, sondern auch für einen längeren Aufenthalt an. Übrigens ist Overath, das auch den Beinamen »Die Glockenstadt« trägt, die Heimat der höchsten Erhebung des Kreisgebietes: Es ist der Kleine Heckberg mit 344 Metern.

Geschichte

Zahlreiche Funde, die vermehrt in den letzten zwanzig Jahren gemacht wurden, zeigen, dass das Stadtgebiet bereits in verschiedenen Phasen der Steinzeit besiedelt war. Die aus der Hallstattzeit stammende Ringwallanlage auf dem Lüderich, die eigentlich schon auf dem Gebiet der Nachbargemeinde Rösrath liegt, wird in der einschlägigen Literatur zumeist Overath zugeordnet. Daher sei sie auch an dieser Stelle erwähnt. Ferner gibt es im Stadtgebiet mehrere Ringwälle, die vermutlich aus dem Frühmittelalter stammen. Erste urkundliche Erwähnung finden die Overather Güter Brombach und Hufenstuhl im Jahr 985 n. Chr. Unter den Namen Achera und Achera inferior ist das heutige Overath bereits im 11. Jahrhundert schriftlich erwähnt. Vom 14. bis in das 16. Jahrhundert, so wird angenommen, war dieser Ort Glockengießerstätte – zumindest weiß man von Overather Glockengießern. Ob allerdings direkt vor Ort gegossen wurde, wird von Fachleuten bezweifelt. Dennoch wird Overath zuweilen »Die Glockenstadt im Aggertal« genannt.

INFO

Overath
Einwohner: 26 681
Fläche: 68,83 km²
Verwaltung:
Stadtverwaltung
Overath
Hauptstr. 25
51491 Overath
Tel.: 0 22 06 / 60 2-0
www.overath.de

Oben: Außenansicht der Pfarrkirche St. Walburga in Overath. Unten: Altaraufbau im alten Teil der Pfarrkirche St. Walburga

Einen wichtigen wirtschaftlichen Zweig stellte damals schon der Bergbau auf dem Lüderich bei Steinenbrück dar. Während der verschiedenen kriegerischen Auseinandersetzungen zwischen dem 16. und dem Anfang des 19. Jahrhunderts hatte Overath viel zu erleiden und erlebte eine Phase der allgemeinen Regression. Erst nach der Befreiung von der napoleonischen Herrschaft und der Eingliederung in das Königreich Preußen erlebte das Gemeinwesen eine neue Blütezeit.

Am 1. Januar 1975 wurden die bis dahin zur Stadt Bensberg gehörenden Stadtteile Untereschbach und Immekeppel der Gemeinde Overath zugeschlagen. Als Overath im Jahr 1997 die 25 000-Einwohner-Grenze überschritt, wurden ihr die Stadtrechte verliehen.

Sehenswürdigkeiten

Stadtmitte

Die im Stadtzentrum an der Hauptstraße gelegene katholische **Pfarrkirche St. Walburga**, eine ehemals romanische dreischiffige Pfeilerbasilika, wurde in den Jahren 1105–1126 errichtet. Vermutlich befand sich an dieser Stelle bereits ein Vorgängerbau aus dem 11. Jahrhundert. Die angebaute

Sakristei stammt aus dem 14. Jahrhundert. Unter Entfernung des nördlichen romanischen Seitenschiffes entstand der Erweiterungsbau aus dem 20. Jahrhundert.

Die im Innenraum, am nördlichen Ansatz der Hauptapsis, erhaltenen Wandmalereien der törichten Jungfrauen sind wohl den Jahrzehnten um die Wende des 15. zum 16. Jahrhundert zuzuordnen. Die ergänzenden Darstellungen der klugen Jungfrauen hingegen sind modernen Datums. Die barocken, um 1650 entstandenen Seitenaltäre stammen ursprünglich aus dem Kölner Kloster der Alexianer. Sie kamen im 19. Jahrhundert nach Overath.

Die hölzerne Christusfigur am südlichen Chorpfeiler soll um 1350 geschaffen worden sein.

Die wenigen Überreste der Fresken vermitteln den Eindruck, dass die Kirche einst den »Bonten Kerken« im Oberbergischen in nichts nachstand. Rechts einige der »törichten Jungfrauen«.

Über dem Eingang des Steinhofs ist noch das Wappen der Geschlechter der von Wylich und Stael von Holstein.

Gegenüber dem Gotteshaus, in der Hauptstraße Nr. 30, steht der Steinhof. Das Haus, das heute ein Restaurant beherbergt, stammt in seinen Ursprüngen wohl aus dem 13. Jahrhundert. Ein Gasthaus im Steinhof wurde bereits im 16. Jahrhundert erwähnt. Der Steinhof, auch Steinhaus genannt, diente im Laufe seiner Geschichte zahlreichen adligen Geschlechtern als Rittersitz. Bis 1809 tagten dort auch die Ehreshovener und Bernsauer Hofgerichte.

Hinter dem modernen Overather Schulzentrum liegt der Weiler Cyriax, der an die ehemalige Benediktinerprobstei Cyriax erinnert, die im Jahr 1256 von dem Kloster auf dem Michaelsberg zu Siegburg gegründet wurde.

Der Heilige Cyriakus, Namenspatron von Cyriax, ist in dem Ortsteil selbst zu sehen.

Schon im Mittelalter gab es an dieser Stelle eine Wallfahrtskapelle, die dem heiligen Cyriax, einem der 14 Nothelfer, geweiht war. Nach der Säkularisierung während der französischen Besatzung zu Anfang des 19. Jahrhunderts diente die Probstei als landwirtschaftlicher Betrieb. Die ganze Anlage wurde im Laufe der folgenden Jahrhunderte starken Veränderungen unterworfen. Noch erhalten ist das aus dem 17. Jahrhundert stammende Wohnhaus des Probstes (Hausnummern 4–6). Der Schlussstein über dem Portal von Haus Nr. 6 trägt noch das Wappen des letzten Probstes von Cyriax. Es war R. Ph. von Falckenstein.

Großbernsau

Kommt man von Overath und folgt man in Richtung Engelskirchen der Kölner Straße, trifft man kurz vor der Autobahnanschlussstelle Overath auf die Ruine der sagenumwobenen

Wasserburg Großbernsau, von der heute nur noch der auf einer kleinen Insel gelegene hohe Mauerrest eines Turmes zu sehen ist.

Heiligenhaus

Fährt man von Steinenbrück Richtung Overath, ist links von der Bensberger Straße (etwa 100 Meter vor dem Kreisel) die Wallfahrtskapelle des Heiligen Rochus zu sehen. Schon während des Dreißigjährigen Krieges im 17. Jahrhundert soll ganz in der Nähe ein »Heiligenhäuschen« gestanden haben. Seinen Namen aber hat der Stadtteil vermutlich nach der mittelalterlichen Gemarkenbezeichnung »Heiliger«. Nachdem das alte »Heiligenhäuschen« 1840 abgerissen worden war, wurde die heutige Kapelle errichtet.

Die Holzfigur des Heiligen Rochus aus dem 17. Jahrhundert, auf die die Entstehung und Verehrung der Kapelle als Wallfahrtsort zurückzuführen ist, befindet sich in der katholischen Pfarrkirche St. Rochus (Gärtnerstraße) neben dem Altar.

Romantisch umrankt wie die Überreste eines verwunschenen Schlosses sind die Ruinen der Wasserburg Bernsau. Tatsächlich rankt sich eine Legende um das Gebäude, nach der der letzte Burgherr aufgrund seines Misstrauens seiner Gemahlin gegenüber seinen Seelenfrieden verspielt haben und somit das Ende der Burg eingeleitet haben soll.

Die Rochuskapelle in Heiligenhaus

Immekeppel

Das Wahrzeichen dieses im Tal der Sülz gelegenen Stadtteils ist der so genannte »Sülztaler Dom«.

Historische Ansicht des »Sülztaler Doms« aus einer Zeit, als er noch wenig umbaut war

Gemeint ist damit die katholische Pfarrkirche St. Lucia. Sie wurde im neuromanischen Stil Ende des 19. Jahrhunderts errichtet und trat an die Stelle eines älteren Gotteshauses, das 1885 abgerissen worden war. Prägend für das Bild der gesamten Gemeinde ist die doppeltürmige Westfassade.

Im Innenraum des Gotteshauses: Aus der alten Kirche stammen wohl die aus dem 17. Jahrhundert datierende Holzplastik der heiligen Brigitta von Schweden am nordwestlichen Vierungspfeiler und das Gemälde der heiligen Lucia am mittleren südlichen Langhauspfeiler, das vermutlich Ende des 18. Jahrhunderts entstand.

Steinenbrück

Urkundlich ist Steinenbrück unter der Bezeichnung »Steynbrucgen« bereits im Jahr 1334 erwähnt. Wie dem benachbarten Stadtteil Untereschbach brachte aber erst die zunehmende Bedeutung des Erzbergbaus auf dem den Ort überragenden Lüderich im 19. Jahrhundert einen starken Anstieg der Bevölkerung.

Schon seit 1565 befand sich in Steinenbrück eine Zollstation. Das »Alte Zollhaus« (Olper Straße 60–62), das in seinen Ursprüngen aus dem Jahr 1675 stammt und einen älte-

ren Bau an dieser Stelle ersetzte,
ist noch heute stummer Zeuge
dieser Epoche. Einfuhr-, Ausfuhr-
und Durchgangszölle wurden
hier im Auftrag der Herzöge von
Berg erhoben. Im 19. Jahrhundert wurde das Gebäude mehrfach erweitert. 1979 erfolgte der
Umbau zu einer Gaststätte im
rustikalen Stil.

Die Steinenbrücker und Un-
tereschbacher »Hausberge« sind
der Lüderich (260 m) und der
Burgkopf (226 m). Seit 1997
schmückt die Bergkuppe des Lüderich das 15 Meter hohe St.-
Barbara-Kreuz, das an dieser
Stelle zur Erinnerung an die
Bergleute der zahlreichen dort
einstmals ansässigen Schachtan-
lagen errichtet wurde.

Das Alte Zollhaus beherbergt heute ein gutes italienisches Restaurant. Ein Besuch lohnt nicht nur wegen der kulinarischen Genüsse, sondern auch wegen seiner Innenarchitektur.

Zum Lüderich kommt man am besten von Steinenbrück
aus über die »Bergwerkstraße«. Diese wird erreicht, wenn
man aus Richtung Untereschbach kommend zunächst in
die Lauscher Straße abbiegt. Dieser folgend wird die Büche-
ler Straße erreicht, die in ihrer Verlängerung zur Berkwerk-
straße wird. Am Ende der Straße parke man
seinen Wagen und gehe zu Fuß weiter.

Wann der Bergbau im Lüderichgebiet
begann und ob hier auch die Römer aus
dem nahen Köln schürften, ist immer noch
nicht vollständig geklärt. Eine Nutzung,
wenn auch im bescheidenen Rahmen, ist
bereits in vorchristlicher Zeit annehmbar.
Neben Bodenfunden spricht hier auch
ein großer Sagenschatz eine ein-
deutige Sprache. Als einer der
letzten deutschen Erzbergwerke
wurden die Lüderichgruben im

Der Barbara-brunnen in Stei-nenbrück mit Förderturm und der Schutz-heiligen des Bergbaus

Von Bleifeld kommend erblickt man auf dem Weg zum Lüderich noch einen stummen Zeugen der Erzförderung.

Jahr 1978 geschlossen. An den Hauptschacht erinnern noch der erhaltene Förderturm und einige erhaltene Bergwerksgebäude.

Symbol der ur- und frühgeschichtlichen Vergangenheit des Berges ist die, bereits auf Rösrather Gebiet liegende, früheisenzeitliche Ringwallanlage, die um 800 v. Chr. entstand. Der ca. 1,4 km lange Wall zieht sich eiförmig um die Bergspitze (Wasserhochbehälter) des Lüderich. Erkennbar ist er noch am ehesten in seinem südlichen Teil. An den anderen Stellen ist er stark abgeflacht oder durch Wege zerstört. Gut zu erreichen ist der Ringwall, wenn man vom Hauptschacht aus dem Wanderweg A bergan folgt. Vom Wasserbehälter aus geht es weiter in südwestliche Richtung. Nach ungefähr 700 m wird eine Wegkreuzung erreicht. Von dort, in südlicher Richtung, ist der Wall noch gut zu lokalisieren.

Folgt man dem Wanderweg A1 vom Hauptschacht des Lüderich aus, so erreicht man nach einer knappen Viertelstunde eine Linkskurve. Rechts davon liegt der mittelalterliche Abschnittswall auf dem Burgkopf. Der etwa zwei Meter hohe Wall mit seinen beiden Gräben ist, wenn auch teilweise von Bäumen bestanden, noch gut sichtbar.

Marialinden

Weit über den Rheinisch-Bergischen Kreis hinaus ist der Marienwallfahrtsort Marialinden bekannt. Der Legende nach wurde an dieser Stelle, verborgen in einer hohlen Linde, eine **Pietà** gefunden, die bereits zu Beginn des 15. Jahrhunderts das Ziel von Wallfahrten war. Diesem Muttergottesbild, das sich seit 1991 wieder in der Marialindener Wallfahrtskirche **St. Mariä Heimsuchung** befindet, verdankt der Ort auch seinen heutigen Namen. Denn das Dorf hieß zunächst »Siebenlinden«. Als »Marialinden« wird es

Wer die A4 von Köln nach Overath kommt, sieht schon von weitem die Marialindener Wallfahrtskirche auf einem Höhenzug thronen.

erstmals in einer Urkunde aus dem 16. Jahrhundert erwähnt, die von der Errichtung einer Marienkapelle spricht.

Von der ursprünglichen, aus dem 16. Jahrhundert stammenden spätgotischen Wallfahrtskirche St. Mariä Heimsuchung sind noch die Sakristei, das Langhaus und der Chor in Bauteilen erhalten. Es wird vermutet, dass die Sakristei mit einer älteren Wallfahrtskapelle identisch ist. 1897 wurde die Kirche nach Plänen des Architekten Th. Kremer im neugotischen Stil erweitert. Um 1980 erfolgte eine weitere Vergrößerung des Innenraums und der Sakristei. Der Hochaltar im Kircheninnenraum stammt aus dem 18. Jahrhundert; der südliche Seitenaltar aus dem ehemaligen Augustinerinnenkloster in Merten/Sieg. In dessen Rundbogennische steht zwischen zwei korinthischen Säulen die hölzerne Vollplastik der Pietà, die als Gnadenbild verehrt wird. Sie entstand um die Wende vom 15. zum 16. Jahrhundert. Die kleine Terrakotta-Pietà, die sich in der verglasten Nische in der Kirchensüdwand befindet, stammt aus der Zeit um 1400–1420 und steht wohl in direktem Zusammenhang mit der bereits erwähnten Legende.

In unmittelbarer Nähe der Wallfahrtskirche, am Marienkirchplatz und an der Pilgerstraße befinden sich einige hübsche Fachwerkhäuser aus dem 18. und 19. Jahrhundert.

Richtung Wahlscheid

INFO

Nähere Auskünfte über **Gut Eichthal** sind unter der Rufnummer: 0 22 06 / 8 00 39 erhältlich.

Zwischen Brombach und Krombach, von Overath kommend links von der B 484, liegt Gut Eichtal mit seinem Park und den verschiedenen Gebäuden im großzügigen Landhausstil des ausgehenden 19. Jahrhunderts. Dort hat die Außenstelle Overath des **Rheinischen Amtes für Bodendenkmalspflege** ihren Sitz, die gelegentlich auch archäologische Vorträge, Führungen und einen Tag der offenen Tür veranstaltet. Hier lassen sich auch eigene Funde bestimmen. Doch sei ausdrücklich darauf hingewiesen, dass das Graben und Suchen nach Bodenfunden, auf eigene Faust unternommen, im gesamten Rheinisch-Bergischen Kreis verboten ist und unter Strafe steht. Dies gilt auch für die private Suche mit Metalldetektoren.

Das Gut liegt in idyllischer Lage im Aggertal, das durch die B 484 leider einiges an Charme eingebüßt hat.

HOTELS

Hotels in Overath

Stadtzentrum
Bergischer Hof
Hauptstr. 99
51491 Overath
Tel. und Fax: 0 22 06 / 9 02 2-0

Hotel Kellermann
Spich 12
51491 Overath
Tel.: 0 22 06 / 15 19

Brombach (Sülztal)
Landhaus-Hotel »Zur Eiche«
Dorfstr. 1
51491 Overath-Brombach
Tel.: 0 22 07 / 75 80

Fischermühle (Naafbachtal)
Hotel-Restaurant Fischermühle
Fischermühle 1
51491 Overath-Fischermühle
Tel.: 0 22 06 / 35 10
www.fischermuehle-restaurant.de

Immekeppel
Hotel-Restaurant »Haus Thal«
Haus Thal 4
51491 Overath-Immekeppel
Tel.: 0 22 04 / 9 75 50
www.haus-thal.de

Hotel-Restaurant Landhaus »Sülztaler Hof«
Lindlarer Str. 83
51491 Overath-Immekeppel
Tel.: 0 22 04 / 9 75 00
www.suelztaler-hof.de

Hotel Garni Schmitthausen
Immekeppeler Teich 46
51491 Overath-Immekeppel
Tel.: 0 22 04 / 78 84

Kirschbaum
Sonne das Restaurant & Hotel
An der Sonne 10
51491 Overath-Kirschbaum
Tel.: 0 22 06 / 91 10 27
www.sonne-das-restaurant.de

Klef
Café-Restaurant-Hotel Lüdenbach
Klef 99
51491 Overath-Klef
Tel.: 0 22 06 / 21 53 und 9 53 80
www.hotel-luedenbach.de

Marialinden
Landhotel-Restaurant Bergischer Hof
Pilgerstr. 64
51491 Overath-Marialinden
Tel.: 0 22 06 / 44 54 und 9 53 40

Untereschbach
Hotel »Altenbrücker Mühle«
Olper Str. 69
51491 Overath-Steinenbrück
Tel.: 0 22 04 / 97 00 97
www.altenbruecker-muehle.de

Privatvermieter in Overath

in Steinenbrück
Ursula Haarbrücker
Römerstr. 1
51491 Overath-Steinenbrück
Tel.: 0 22 04 / 7 23 10

UNTERKUNFT

in Overath-Rappenhohn
Andreas Köhler
Zum Eschenthal 3
51491 Overath-Rappenhohn
Tel.: 0 22 06/8 51 78

Ferienwohnungen in Overath

Overath-Ferrenberg
Ernst Schöllmann
Stargrader Str. 2
51491 Overath-Ferrenberg
Tel.: 0 22 06/27 87
Fax: 0 22 06/27 88

Heiligenhaus
Doris Gottmann
Platanenweg 11
51491 Overath-Heiligenhaus
Tel.: 0 22 06/59 51
www.privatunterkunft-overath.de

Immekeppel
Monika Müller
Schmitzbüchel 12
51491 Overath-Immekeppel
Tel.: 0 22 04/19 67
Fax: 0 22 04/76 93 84

Marialinden
Helga Schmidt
Bernsauer Jagdweg 26
51491 Overath-Marialinden
Tel.: 0 22 06/70 07
Fax: 0 22 06/70 07

Vilkerath
Karl-L. Beitzel
Pastor-Becker-Weg 18
51491 Overath-Vilkerath
Tel.: 0 22 06/13 92
Fax: 0 22 06/8 11 92

Campingplätze in Overath

an der Agger
Gut Burghof
51491 Overath
Tel.:0 22 06/91 05 61

Klef
an der Ringmauer
An der Ringmauer 7
51491 Overath-Klef
Tel.: 0 22 06/22 26

Immekeppel
Immekeppeler Teich
51491 Overath-Immekeppel
Tel.: 0 22 04/77 37

**Wilhelm-Heidkamp-Str./
Haus Thal 2**
51491 Overath-Immekeppel
Tel.: 0 22 04/7 26 29

Kleinbalken
Rohloff Ferienparks GmbH
51491 Overath
Tel.: 0 22 06/28 16

Viersbrücken
Viersbrücken 7
51491 Overath-Viersbrücken
Tel.: 0 22 06/27 51

**Restaurants, Gaststätten und Cafés
in Overath (s. a. Hotels)**

Stadtmitte
Gaststätte »Die Stadtmitte«
Bahnhofplatz 7
51491 Overath
Tel.: 0 22 06/20 38
Fax: 0 22 06/90 91 10

GASTRONOMIE/SPORT

Restaurant »Steinhof«
Hauptstr. 30
51491 Overath
Tel.: 0 22 06 / 78 87

Brombach
»Zur Eiche«
51491 Overath-Brombach
Tel.: 0 22 07 / 75 80

Hasenberg
Gasthof Hasenberg
Hasenberg 2
51491 Overath-Hasenberg
Tel.: 0 22 06 / 31 63

Immekeppel
Restaurant »Haus Stegmann«
Lindlarer Str. 131
51491 Overath-Immekeppel
Tel.: 0 22 04 / 42 68 49

Vilkerath
Zur Glocke
Kölner Str. 72
51491 Overath-Vilkerath
Tel.: 0 22 06 / 86 45 85

Sport in Overath

Golf

Steinenbrück
Golf und Sport 2000 KG
Am Golfplatz 1
51491 Overath-Steinenbrück
Tel.: 0 22 04 / 9 76 00
www.golfsport2000.de

Karate

Karate-Do Overath e.V.
Klef 81, 51491 Overath
Tel.: 0 22 06 / 85 85 18
www.karate-do-overath.de

Reiten

Herrenhöhe
Reitschule Monika Hoffmann
Gut Herrenhöhe
Herrenhöhe 1
51491 Overath
Tel.: 01 62 / 1 62 09 17
E-Mail: E-Mail@reitschule-hoffmann.de

Schwimmen

Hallenbad Overath
(bis ca. Mai 2006 geschlossen)
Wiesenauel 14, 51491 Overath
Tel.: 0 22 06 / 86 72 16

Tennis

Innenstadt
Tenniszentrum Overath
Cyriax 22
51491 Overath
Tel.: 0 22 06 / 73 77

Steinenbrück
Tennisschule Sülztal
Am Lüderich 2
51491 Overath-Steinenbrück
Tel.: 0 22 04 / 7 31 34

Untereschbach
Tennishalle Untereschbach
Tel.: 0 22 04 / 9 74 60

Rösrath

Allgemeines

Rösrath ist nicht nur die südlichste, sondern auch die jüngste Stadt des Rheinisch-Bergischen Kreises, denn dieses Recht wurde ihr erst im Jahr 2001 verliehen. Durch einen in jüngster Zeit fertig gestellten Autobahnzubringer, die Nähe zum internationalen Flughafen »Konrad Adenauer« und die guten Verkehrsanbindungen zu den nahen Großstädten Köln und Bonn, aber auch zur Kreisstadt Bergisch Gladbach und zu den im benachbarten Rhein-Sieg Kreis gelegenen Städten Siegburg und Lohmar gehört Rösrath zu den beliebtesten Wohngebieten des Kreises. Die Stadt zeichnet sich nicht nur durch gute Einkaufsmöglichkeiten aus, sondern besitzt auch durch ihre diversen Sportmöglichkeiten und ihren Waldreichtum einen hohen Erholungswert.

Geschichte

Bodenfunde legen die Annahme einer dauerhaften Besiedlung des Rösrather Gebietes bereits für die Mittelsteinzeit (10 000–4000 v. Chr.) nahe. Die Hallstatt- und Eisenzeit sind, insbesondere durch die Funde auf dem Lüderich (siehe hierzu Overath) gut belegt. Auch auf den Handel und Tauschverkehr zwischen den Römern aus den nahen Legionslagern Köln und Bonn weisen Funde hin. Im Jahr 893 n. Chr. findet der Stadtteil Volberg unter der Bezeichnung »Vogelberhc« urkundliche Erwähnung im Güterverzeichnis der Abtei Prüm/Eifel. Rösrath, damals »Reuerode« genannt, findet man in einer Urkunde des 14. Jahrhunderts. Seit dem Jahr 1560 existiert in Volberg eine evangelische Gemeinde. 1672 ließen sich in Rösrath Mönche des Augustinerordens nieder, und 1677 wurde der Grundstein zu

INFO

Rösrath
Einwohner: 28 941
Fläche: 38,8 km²
Verwaltung:
Stadtverwaltung
Rösrath
Hauptstraße 229
51503 Rösrath
Tel.: 0 22 05 / 80 2-0
www.roesrath.de

Blick auf Rösrath. Im Hintergrund die Rheinebene

ihrem Kloster gelegt, das bis zur Säkularisierung 1803 bestand. Im Jahr 1773 schlug mit der Gründung des »Hoffnungsthaler Hammers« die Geburtsstunde dieses Stadtteils. Der »Hammer« prägte, neben dem Erzbergbau auf dem Lüderich, das wirtschaftliche und gesellschaftliche Leben Rösraths für viele Jahrzehnte.

Die Eisenbahn, die Rösath erstmals im Jahr 1890 erreichte, und die Eröffnung der Linie (Köln-)Kalk-Overath im Jahre 1910 trugen dazu bei, dass Rösrath bereits vor dem Ersten Weltkrieg zum Wohngebiet von Köln-Pendlern wurde. Diese Entwicklung verstärkte sich, bedingt durch die Motorisierung weiter Bevölkerungsschichten, insbesondere nach dem Zweiten Weltkrieg. Seit 1932 gehört Rösrath zum Rheinisch-Bergischen Kreis.

Das alte Rathaus in Rösrath

Kunst und Architektur des 20. Jahrhunderts In Rösrath: Der Brunnen im Stadtzentrum und der Turm der evangelischen Kirche.

Sehenswürdigkeiten

Stadtmitte

An der Hauptstraße, direkt im Stadtzentrum gelegen, stehen die katholische **Pfarrkirche St. Nikolaus von Tolentino** und das **ehemalige Kloster der Augustiner-Eremiten**.

Das Gotteshaus wurde in den Jahren 1691–1708 errichtet und von 1903 bis 1908 umgebaut. Die Klosterbauten stammen aus der Zeit zwischen 1677–1700. Jünger ist die Klosterschule, die zwischen 1710 und 1719 erbaut wurde. Nach der Aufhebung des Klosters im Jahr 1803 versahen die Augustiner-Eremiten weiterhin den Pfarrdienst in Rösrath. 1830 wurde die Kloster- zur Pfarrkirche umgestiftet. Sie wurde aber erst 1851 dem heiligen Nikolaus von Tolentino, dem Schutzpatron der Augustiner-Eremiten, geweiht. Zuvor trug sie den Namen St. Vitus. Seit 1832 war die Klosterschule Sitz einer Volksschule. Nach dem allmählichen Verfall des Gebäudes wurde es renoviert und dient nun als Pfarrgemeindehaus.

Das Gotteshaus ist ein saalartiger Raum mit dreischiffigem Chorschluss. In seinem Inneren sind die mit Schnitzereien verzierte Kanzel und der hölzerne Hauptaltar noch von der barocken Innenausstatung erhalten. Der farbig gefasste und vergoldete Altar zeigt als Mittelfigur den heiligen Augustinus. Über ihm ist der heilige Vitus erkennbar. Verschiedene Heiligenfiguren, die Seitenaltäre, die Orgelempore und die Beichtstühle stammen ebenfalls aus dem Barock. Die Chorfenster wurden 1704 geschaffen.

Im zweigeschossigen Klostergebäude, einem mehrflügeligen Baukörper, der nördlich an die Kirche anschließt, ist heute unter anderem das Pfarrhaus untergebracht. Die dort ebenfalls befindliche und bereits erwähnte ehemalige Klosterschule trägt heute den Namen **Augustinushaus**.

Am Ende der Straße »Zum Eulenbroicher Auel« steht **Haus Eulenbroich**. Seine Geschichte reicht bis in das 13. Jahrhundert zurück. Seit Anfang des 15. Jahrhunderts

Das Augustiner-Eremiten-Kloster auf einem Stich aus dem 17. Jahrhundert

Historische Aufnahme des Toreingangs zum Haus Eulenbroch

war hier die Familie Stael von Holstein auf Eulenbroich ansässig. Diese förderte auch den Bau einer zweiten Burganlage am Ende des 15. Jahrhunderts. 1764 wurde »Haus Eulenbroich« an Johann Freiherr von Franken auf Haus Venauen verkauft. Dieser veranlasste den Neubau des Schlosses. Nach Jahren der Verwahrlosung war das Schloss von 1851 bis 1882 im Besitz des Rösrather Bürgermeisters und Fabrikanten Robert Rohr, der dort seinen Amtssitz hatte. Nach anschließenden diversen Umbauten und Wechseln des Eigentümers kam es 1908 in den Besitz der Familie Biedermann, die es durch den bekannten Kölner Architekten Hermann Pflaume erneut umbauen ließ. So entstanden unter anderem der Wintergarten, die Dachgauben und die Tür im »neubergischen Barock«. 1981 gelangte die Anlage in den Besitz der damaligen Gemeinde Rösrath. Seit 1984 dient es als Bürgerhaus, in dem zahlreiche kulturelle und gesellschaftliche Veranstaltungen stattfinden, sowie als Nebenstelle des Rathauses. Im Torhaus aus dem 18. Jahrhundert hat der Geschichtsverein für Rösrath und Umgebung seinen Sitz.

Der Gesamtkomplex aus verputztem Bruchstein setzt sich aus dem Herrenhaus, das teilweise über eine sehenswerte Inneneinrichtung aus dem 17. bis 19. Jahrhundert verfügt, und der westlich gegenüberliegenden Torburg zusammen. Er ist mit seinem Innenhof von einem Wassergraben umgeben.

Folgt man der Hauptstraße in nördlicher Richtung auf den Stadtteil Hoffnungsthal zu, so biegt nach ca. 300 Metern rechts eine Straße mit dem Namen »Venauen« ab. Sie führt zum **Haus Venauen,** dessen Geschichte bis in die Mitte des 16. Jahrhunderts zurückreicht. Im 17. Jahrhundert gehörte es der Familie von Belvern, deren Grabplatte sich in der

Pfarrkirche zu Rösrath befindet. Im 18. Jahrhundert fiel Venauen, das in seiner wechselvollen Geschichte diversen Um- und Neubauten unterworfen war, an Johann W. Freiherr von Franken, der auch Inhaber von Eulenbroich war. Später wechselten die Besitzer mehrfach, bis die Nationalsozialistische Volkswohlfahrt im Jahr 1937 das Anwesen erwarb und dort eine Gauschule einrichtete. Nach dem Zusammenbruch des Dritten Reiches kam Venauen in den Besitz der Bundesrepublik Deutschland, die es im Rahmen der NATO-Verträge an die belgischen Streitkräfte verpachtete. Diese richteten 1950 dort das Gymnasium Athénée Royale ein, das von den Kindern der wallonischen Armeeangehörigen besucht wurde. Seit dem Abzug des belgischen Natoverbündeten vor einigen Jahren steht »Haus Venauen« leer. Seine zukünftige Nutzung war bei Drucklegung dieses Buches noch nicht bekannt. »Haus Venauen«, ein ehemaliges Wasserschloss in dreiflügeliger Anlage, ist nicht zu besichtigen!

Hellenthal

An der Bergischen Landstraße, kurz vor der Stadtgrenze zwischen Rösrath und Overath, liegt der kleine, aus einer Kapelle, dem Burghaus und zwei Fachwerkhäusern bestehende Weiler Hellenthal, der bis zur kommunalen Neugliederung von 1975 zur Stadt Bensberg gehörte.

*Das Burghaus
in Hellenthal*

Die Zeit, in der das sagenumwobene Burghaus Hellenthal (Haus Nr. 2), das im Volksmund auch »Heidenhaus« genannt wird, entstanden ist, ist nicht überliefert. Wahrscheinlich liegen seine Ursprünge in der Zeit zwischen dem 11. und dem 14. Jahrhundert. Eine erste urkundliche Erwähnung fand Hellenthal 1322. Vermutlich wurde das ursprüngliche Burghaus, das heute ein elf Meter hoher, dreigeschossiger Bau mit Mansardendach ist der um 1900 errichtet

Die Kapelle St. Barbara in Hellenthal

wurde, zum Schutz des Bergbaus auf dem Lüderich angelegt. Die Außenmauern des »Heidenhauses« haben einen Durchmesser von bis zu 120 cm Dicke. Der historische Originalkeller ist erhalten.

Die Kapelle **St. Barbara** zu Hellenthal ließ der Kölner Bürgermeister und Gutsbesitzer Johann zum Pütz im Jahr 1693 errichten. Das kleine, in Fachwerk ausgeführte Gotteshaus beherbergt in seinem Innenraum einen barocken Altaraufsatz mit der bildlichen Darstellung der »Ruhe auf der Flucht«. Der Altar wird von Holzdarstellungen der heiligen Barbara und Katharina flankiert. Das Gesamtensemble entstand um 1700. Ende der 1980er Jahre wurde die Kapelle, in der auch Gottesdienste stattfinden, restauriert.

Die beiden in Hellenthal befindlichen Fachwerkhöfe wurden um 1800 errichtet.

Hoffnungsthal

Eng verbunden mit dem Aufstieg des Stadtteils Hoffnungsthal ist die Geschichte des Eisenhammers, der 1773 durch

Bürgerhaus in Hoffnungsthal

den Kaufmann R. Ph. Boullé an der Sülz oberhalb von Vollberg, errichtet wurde. 1816 wurde der Hammer von den Gebrüdern Reusch erworben, die das gesamte Anwesen »Hoffnungsthal« benannten. 1839 wurde dort dann ein Walzwerk errichtet. Symbol des weiteren und steten Aufstiegs Hoffnungsthals sind noch heute die zahlreichen schönen Bürgerhäuser an der

Hauptstraße, die zum überwiegenden Teil zwischen 1850 und 1920 entstanden.

Blick auf die evangelische Kirche in Volberg

Die eigentliche Keimzelle Hoffnungsthals aber ist der heute mit Hoffnungsthal verwachsene Ortsteil Volberg, der vermutlich bereits zu Ende des 9. Jahrhunderts urkundlich erwähnt ist. Er liegt, kommt man von Rösrath-Stadtmitte, am rechten Ufer des Flüsschens Sülz.

Das herausragende Gebäude Volbergs ist die **evangelische Kirche**. Bereits um 1300 soll in Volberg eine Pfarrkirche existiert haben.

Etwa seit 1560 ist die Pfarrei zu Volberg immer evangelisch gewesen. Der Turmunterbau und die Apsis des evangelischen Gotteshauses entstammen einem damals von den Katholiken genutzten Vorgängerbau des 12. Jahrhunderts. Das Obergeschoss des Turmes und der Helm wurden 1748 errichtet. Baumeister Helliwig aus (Köln-) Mülheim errichtete das Langhaus in den Jahren von 1788 bis 1790. Im Untergeschoss des Kircheninnenraums wurden 1928 Gewölbemalereien des 14. Jahrhunderts freigelegt. Im saalartigen Langhaus ist die Originalausstattung des 18. Jahrhunderts erhalten, die in

Alte Grabplatte an der Außenwand der Volberger Kirche

ähnlicher Form auch in den so genannten »Predigerkirchen« zu Burscheid, Leichlingen und Wermelskirchen zu finden ist.

Haus Stade, Lüghauser Straße Nr. 16 (sie geht vom Hoffnungsthaler Bahnhof ab), wurde bereits in der Mitte des

14. Jahrhunderts als bergischer Rittersitz urkundlich erwähnt. Seit ca. 1485 war es im Besiz des Rittergeschlechts derer von Loe, die bereits um 1200 für den hiesigen Raum schriftliche Erwähnung fanden. Nachdem die Familie im 18. Jahrhundert ausgestorben war, wechselte Haus Stade mehrfach den Eigentümer. Die 1631 errichtete Wasserburg »Haus Stade« brannte 1842 ab. Auf ihren Trümmern wurde der heute noch erhaltene Neubau errichtet.

Kleineichen

Wer die in den 1930er Jahren gegründete Eigenheimsiedlung Kleineichen (von Rösrath kommend rechts von der Kölner Straße) besucht, wird erstaunt sein, wenn er in der kleinen Grünfläche an der Kirchstraße, die zwischen der evangelischen und katholischen Kirche gelegenen ist, die große Steinskulptur einer Löwin sieht, die ihr Junges säugt.

Löwenskulptur in Kleineichen

Was hat Kleineichen denn mit einer Löwin zu tun?

Die Lösung des Geheimnisses ist, dass die Löwin früher Teil eines Denkmals war, das an den Aufstand (1904–1908) der Hereros und Hottentotten in dem ehemaligen deutschen Schutzgebiet Südwestafrika (heute Namibia) erinnerte. Anlässlich des 50-jährigen Bestehens von Kleineichen im Jahr 1984 schenkte ein Bürger aus Köln-Rath diese Skulptur den Kleineichenern.

Stephansheide

Am dortigen Pestalozziweg liegt die »Ehrenanlage Kalmusweiher«. Hier wurden die Toten des Kriegsgefangenen-

Das Burghaus im Stadtteil Sülze

lagers »Lager Hoffnungsthal«, das von 1940–45 existierte, beigesetzt. Eine schlichte Gedenktafel erinnert an das Schicksal dieser Menschen aus verschiedenen Nationen, die hier ihre letzte Ruhe fanden.

Sülze

Im Rösrather Stadtteil Sülze befindet sich, neben dem Heidenhaus zu Hellenthal, ein weiteres »Heidenhaus«. Die Hausnummer 9 der von der L 284 (»Bergische Landstraße«) abgehenden Stichstraße »Sülzer Burg« ist das **Burghaus Scheltensülz**. Seine Ursprünge reichen vermutlich bis in das 14. Jahrhundert zurück. Wie das Burghaus Hellenthal diente es vermutlich dem Schutz des Bergbaus auf dem nahen Lüderich. Im 15. Jahrhundert war es im Besitz der Familie von Schelten. Später fiel es an die Familie von Ley. Die Reste eines wasserumwehrten Wohnturms mit einstmals mindestens sechs und heute noch drei Stockwerken sind erhalten. Ein achteckiger Eichenpfosten, der durch alle Geschosse reicht, dient als Mittelstütze. Alle weiteren Träger des Gebäudes sind darin eingelassen. Im Gebäudeinneren ist eine Spindeltreppe erhalten, die aus der Zeit um 1700 stammt.

HOTELS

Hotels in Rösrath

Forsbach
GENO-Hotel
Raiffeisenstr. 10–16
51503 Rösrath-Forsbach
Tel.: 0 22 05/80 30
www.genohotel.de

**Hotel-Café-Restaurant
»Forsbacher Mühle«**
Mühlenweg 43
51503 Rösrath-Forsbach
Tel.: 0 22 05/22 94 und 90 08 40
www.forsbacher-muehle.de

Kleineichen
**Hotel & Boardinghouse
»Am Königsforst«**
51503 Rösrath-Kleineichen
Tel.: 0 22 05/10 58
Fax: 0 22 05/70 30
www.hotel-am-koenigsforst.de

Pension in Rösrath

Stümpen
Pension Haus Elmar
Hack 10
51503 Rösrath-Stümpen
Tel.: 0 22 05/91 21 00
Fax: 0 22 05/91 21 03

Gästehaus in Rösrath

Hoffnungsthal
Gästehaus Sülzufer
Hauptstr. 180
51503 Rösrath-Hoffnungsthal
Tel.: 0 22 05/9 28 00
E-Mail: ChristaWeitz@web.de

Privatvermieter in Rösrath

Forsbach
Inge Abels
Bensberger Str. 267
51503 Rösrath-Forsbach
Tel.: 0 22 05/53 02
E-Mail gui.abels@t-online.de

Christine Schreiner
Wiedenhof 52
51503 Rösrath-Forsbach
Tel.: 0 22 05/64 70

Hoffnungsthal
Marita Drescher
Vierkotter Feld 20
51503 Rösrath-Hoffnungsthal
Tel.: 0 22 05/85 3 67
Fax: 0 22 05/91 36 58

Dorothea Weiler
Zum Sandfeld 16a
51503 Rösrath-Hoffnungsthal
Tel.: 0 22 05/30 15

Stümpen
Erika Berk
Akazienweg 13
51503 Rösrath-Stümpen
Tel.: 0 22 05/91 00 04
www.Berk-Ferienwohnung.de

Ferienwohnungen in Rösrath

Forsbach
Ursula Bergfelder
Sonnenweg 1
51503 Rösrath-Forsbach
Tel. und Fax: 0 22 05/81 3 17
E-Mail: ursula.bergfelder@gmx.de

HOTELS

Restaurants, Gaststätten und Cafés in Rösrath

Stadtmitte
Restaurant »Klostermühle«
Zum Eulenbroicher Auel 15
51503 Rösrath
Tel.: 0 22 05/47 58

Zum Löll
Hauptstr. 28
51503 Rösrath
Tel.: 0 22 05/91 28 55

Café Weiße
Hauptstr. 30
51503 Rösrath
Tel.: 0 22 05/90 52 91

Forsbach
**Gaststätte-Restaurant
»Zum Wiesgen«**
Bensberger Str. 339
51503 Rösrath-Forsbach
Tel.: 0 22 05/90 14 57

Café-Konditorei Vierkötter
Hoffnungsthaler Str. 5
51503 Rösrath-Forsbach
Tel.: 0 22 05/28 38

Hoffnungsthal
Gasthof »Bleifelder Hof«
Bleifeld 57
51503 Rösrath-Hoffnungsthal
Tel.: 0 22 05/89 77 15

Zur Brücke
Hauptstr. 215
51503 Rösrath-Hoffnungsthal
Tel.: 0 22 05/27 76

Kleineichen
Restaurant-Landgasthof »Heideblick«
An der Krumbach 3a
51503 Rösrath-Kleineichen
Tel.: 0 22 05/16 75
Fax: 0 22 05/8 80 27

Sport in Rösrath

Reiten

Forsbach
Reit- und Fahrverein Reiterfreunde Forsbach
Kathi Karl
Sonnenweg 3
51503 Rösrath-Forsbach

Schwimmen

Hoffnungsthal
Freibad
Hover Weg 5
51503 Rösrath-Hoffnungsthal
Tel.: 0 22 05/8 58 27

Stadtmitte
Hallenbad Rösrath
Scharrenbroicher Str. 28
51503 Rösrath
Tel.: 0 22 05/8 23 28

Tennis

Tennisclub Rösrath
Geschäftsstelle
Postfach 300 148
51149 Rösrath
E-Mail: geschaeftsstelle@tcroesrath.de
www.tcroesrath.de

Register

BILDNACHWEIS

Bildnachweis

© Althoff Hotels 61, 62, 72
Alexander Bücken 27u
Engel-Museum, Kürten 95o
Krewelshof, Lohmar 38
Lambertsmühle, Burscheid 86
Landesgartenschau Leverkusen 42u
Mediterana, Bergisch Gladbach 39
Hilger Müller, Kürten 87
Neanderthal-Museum, Mettmann 42o
Tanja Nuding, Bergisch Gladbach 19u, 48, 52, 64, 65, 108, 117, 129, 130, 132
Papiermuseum Alte Dombach, Bergisch Gladbach 50, 55u
Puppenpavillon Bensberg, Bergisch Gladbach 37
Sammlung Paul Spanier, Overath 20o, 146
Fabian Sulzer, Overath Umschlagabbildung, 7, 10, 12, 13o, 14, 19o, 22, 23, 24, 34, 35, 40, 41, 44, 45, 46, 53, 55o, 58, 59, 66, 67, 68o, 80, 82, 94o, 97, 116, 118, 119, 120, 121, 122o, 140, 142, 143, 144, 145, 147, 148, 149, 150, 155, 159, 160, 161
Cordula Sulzer-Wehrmeyer, Overath 155, 156, 162, 163
Stadt Burscheid 84, 85o
Stadt Wermelskirchen 126, 128, 131u
Städtische Galerie Villa Zanders, Bergisch Gladbach 54
Tagungshotel Maria in der Aue, Wermelskirchen 134

Aus: Bernd Fischer: Das Bergische Land, Köln 1979 43u, 49u, 57, 69, 85u, 115
Aus: Die Denkmäler des Rheinlandes, Düsseldorf 1972 93
Aus: Franz Gruß: Geschichte des Bergischen Landes, Overath 2005 (in Vorb.) 122u, 127
Aus: Heimatchronik des Rheinisch-Bergischen Kreises, Köln 1964 11, 68u, 70, 73, 101, 157, 158
Aus: Werner Pütz: Krieg und Nationalsozialismus im Bergischen Land, Overath 2005 15

WANDERFÜHRER

Siegfried Raimann

25 Rundwanderwege Bergisches Land.

Overath, Lindlar, Wahlscheid, Hoffnungsthal und Umgebung

112 Seiten, Broschur, durchgehend farbig
22 Karten und ca. 65 Abbildungen
12 €
ISBN 3-936405-10-7

- Die schönsten Wandertouren im Herzen von Rhein-Berg

- Mit exzellentem Kartenmaterial, GPS- und Kompass-Angaben zu jeder Wanderung

- viele Hintergrundinfos und Fotos

- durchgehend in Farbe

- übersichtliches und modernes Layout

- ausführliches Verzeichnis von Orten, Aussichtspunkten und Sehenswürdigkeiten

Siegfried Raimann ist Wanderwart und 2. Bürgermeister in Overath. Der gelernte Bergmann, der seine ersten Berufsjahre in der Grube Lüderich verbrachte, hat die Region in vielen Jahren erwandert.

Weitere Informationen unter www.buecken-sulzer.de